ちくま新書

# 実践！クリティカル・シンキング

丹治信春
Tanji Nobuharu

1757

実践！　クリティカル・シンキング【目次】

# まえがき

この本は、「クリティカル・シンキング」の教科書です。

だいぶ前からわが国でも、「クリティカル・シンキング」ということばがよく使われるようになり、主に大学の初年次教育などで、その訓練をする授業が行なわれるようになってきました。

「クリティカル・シンキング」を日本語に直すと、「批判的思考」ということになります。「批判的」と言うと、「否定的」に「ダメだ、ダメだ」と言うことのように思われるかもしれませんが、ここでの「批判的」はそういう意味ではなく、「詳しく吟味する」といったような意味です。このような仕方で考えて間違いないか、きちんと筋道立った論理的な考え方ができているかどうかを、注意深くチェックし、評価することです。だから言い換えると、この本は、「論理的思考力」の訓練を目指す本です。

私は長いこと哲学教師をやってきたのですが、その経歴の中でかなり遅い時期、60歳を過ぎてから、日本大学文理学部哲学科で、1年生の必修科目としての「クリティカル・シンキング」の授業を初めて担当しました。そして定年退職するまで、その授業を9年間続けました。

正直なところ、始めた当初はあまり強い関心はなく、この授業でできることは、「自分できちんとものを考える習慣を身に付けさせる」ことくらいかな、という程度のつもりでした。もちろん「習慣を身に付ける」ことは大事なのですが、しかし実際に始めてみると、「あれ、これはどうなっているんだ?」、「なるほど、こんなことがあるのか!」と、それまで考えてみることのなかった色々な問題に気付かされ、いくつもの「発見」があったのです。そういうことがあると次第に興味が湧いてくるもので、やがて、論理的思考をめぐる問題点を整理するための、論文を書いたりするようになりました。

初めは、「論理的に考える」ということ自体は、それほど複雑な事柄ではないだろうと思っていたのですが、いくつもの例文などを取り上げながら主題的に考えてゆくにつれて、かなり様々な要因が絡み合う、予想以上に奥の深い世界が、そこに見えてきたように感じました。そうなると、「論理的思考力」の訓練のためには、単に「習慣を身に付けさせる」だけではなく、「論理的な思考とはどのように成り立っているのか」を、理解してもらうことが重要だろう、と考えるようになりました。私なりにそれを整理したのが、この本の第1章と第2章です。

論理的な思考は、「理由」を挙げて、そこから「結論」を導き出すという形、「……だから、……なのだ」という、「推論」と呼ばれる形を取ります。そこで、第1章と第2章では、推論とはどのようなものなのか、どのような要素からなり、どのように分類され、どのような特徴をもち、どのように使われるものなのか、といった点について、私たちが日常的に出会う様々な推論をきちんと理解し、「詳しく吟味する」ために必要と思われる範囲において、できるだけ詳しく述べることにしました。それは私自身にとって「予想以上」に複雑なものであったために、特に第1章では、いきなりたくさんのことを書くことになってしまいました。「たくさん」になってしまったのは、事柄自体の複雑さによることなので、ゆっくりと着実に読み進んでいただけると、よいと思います。章末に、箇条書きの要約を付けました。

第2章は、推論の論理的な構造を扱っています。本文にも述べたように、推論を吟味し、評価するためには、それがどのような構造をもっているのかを、正確に把握する必要があります。それを図によって表現することで、かなり複雑な推論の構造も、的確に捉えることを目指します。

本の構成の話に入ったついでに、残りの部分についても述べておきましょう。第3章では、「論理的に考える」際に、ちょっとつまずきやすいと、私が日頃考えてきたいくつかのトピックスを選んで、注意点をまとめました。そして第4章では、推論をどのように「評価」するかを考えます。特に4・2節では、12題の「例題」を用意して、読者の皆さんに「評価」に挑戦してもらいます。

読者としては、大学1年生くらいを想定していますが、実際に授業をやってきた感想としては、「もし可能であればもう少し早く、高校2、3年生の頃にできれば、もっとよいのではないか」と感じていました。そこでこの本を書くときには、「高校生でも読める本にする」ことを、かなり意識しています。もちろん、もっと年齢の高い方で、「あらためて論理的思考力を鍛えたい」とお考えの読者も、大歓迎です。

この本では、いくつかの基本的な用語について、私が日大での授業で使っていた教科書、アン・トムソン『論理のスキルアップ』(斎藤浩文・小口裕史訳、春秋社、2008年)を踏襲しました。「組み合わせの理由」、「独立の理由」、「基本理由」、「中間結論」、「結論表示語」、「理由表示語」などです。クリティカル・シンキングという分野は、生まれてからまだ日の浅い分野で、標準的な教科書とか、標準的なカリキュラムなどはなく、基本用語も定まっていません。授業や教科書の内容が多様なのは、発展途上の分野としては望ましいことかもしれませんが、それでも、基本的な用語は、なるべく統一の方向にもっていった方がよいだろう、という判断で、これらの用語に「賛成票」を投じたつもりです。

ちょうどこの本の原稿を書き終えた頃、世の中はChatGPTの話題でもちきりになりました。かなり本格的なＡＩと呼べるものが、いよいよ出てきたな、と感じています。「ＡＩが実現する時代、ものごとを考えるのは、もうＡＩに任せて、もっと気楽に暮らそうよ」と言う人も、出てくるかもしれません。しかし、既に色々と報じられているように、ChatGPTはただ便利なだけではなく、かなり危険な面をもっており、「私たちはChat-GPTにどう向き合うべきか」が、世界中で重要な課題になっています。「そんなことはChatGPTに聞けばいいじゃない」と、あなたは思いますか？　そうは思えない人は、自分自身の思考を磨くしかありません。本格的なＡＩが実現する時代だからこそ、私たちは自分の思考力、判断力を磨かねばならないと、ひしひしと感じているところです。

最後になりましたが、この本の初期の草稿を、日大哲学科で私の後を継いでクリティカル・シンキングの授業を担当している、三平正明さんに読んでいただき、いくつもの、たいへん有益なコメントをいただきました。貴重な時間を割いて詳しく検討してくださったことに、心より感謝いたします。

第1章

# 「推論」としての「考える」こと

## 1・1 「推論」の基礎を知る

### †「論理的に考える」とは

まずは、「論理的に考える」とは何をすることなのか、という話から始めましょう。「考える」ということばは、かなり広い範囲の事柄をカバーしています。数学の問題を考える、人生いかに生きるべきかを考える、将棋を指していて、次の一手を考える、今日の昼食はラーメンにしようか、それともカレーライスにしようかと考える。これらの「考える」は、その場で頭を使って答えを出そうとする「作業」と言ってよいでしょう。しかしその「答え」の「正しさ」について、「正しい答え」がただ一つに決まる場合（通常の数学の問題）、「正しさ」について語ることはできそうだが、ただ一つに決まるかどうかはわからない場合（人生の生き方、次の一手）、そもそも「正しさ」など問題にならない場合（今日の昼食）というように、様々な場合があります。また、「考える」という表現が使われていても、「その場での作業」が行なわれるわけではない場合もあります。「私は、……と考えています」と言うとき、「考えています」とは言うものの、その場で「考える」という作業をやっているわけではなく、「私は（前から）、……という意見をもっています」ということが言われる場合です。

このように様々に使われる「考える」の中で、「論理的に考える」というのは、まずは「その場での作業」です。そしてどのような作業かと言うと、何らかの出発点（複数の場合もある）から出発して、筋道立った合理的な経路をたどって、「正しい」答えに行き着こうとする思考作業のことだ、と言ってよいでしょう。そのような思考作業の中で、皆さんが最もよく知っているのは、数学の定理を証明するとか、推理小説の中に与えられた手掛かりを使って犯人を突き止める、といったような作業でしょう。このような場合には、「正しい答え」はただ一つに決まるのが普通ですが、しかし、ものごとを「論理的に考える」と言うとき、一般にはもっと広く、多くの場合、「正しい答え」がただ一つに決まるかどうかはわかりません。それでも、何らかの正しい答え、もし正しさに程度があるならば、できるだけ正しさの程度が高い答えに、行き着こうとする試みです。ここで「論理的」というのは、必ずしも厳密な「論理学」に従う、ということではなく、「筋道立った合理的な」ということだと理解してください。

このような、出発点から経路をたどって答え（結論）へと移行するプロセスを、「推論（inference, reasoning）」と呼びます。そうすると、「論理的に考える」とは、「論理的に正しく推論する」こと、そしてそれによって、結論の正しさを論証することだ、ということになります。結論の正しさを論証することが、推論をすることの目的です。（実は後で、別の種類の推論の話が出てくるのですが、一度にたくさんの話はできないので、いまはこのような推論の話から始めます。）「論証」ということばも、「論理的」と同じく、この本では、数学や論理学における厳密な意味での「証明」よりも広く、「結論の正しさを示そうとする議論」程度の意味で使います。

では、推論の「出発点」とは何でしょうか？　それは多くの場合、既に正しいとわかっていること、例えば「証拠」です。殺人事件の被害者には、致命傷と思われる、刃物で刺された傷があり、そして、現場に落ちていたナイフに血液が付いていて、その血液から採取したＤＮＡを分析したところ、それが被害者のものと一致したならば、その証拠から刑事は、そのナイフが殺人に使われた凶器であろう、という結論へと推論するでしょう。あるいはまた、現在正しいものと考えられている「自然法則」も、推論の出発点として使われます。太陽と地球と月の現在の位置関係や運動状態がわかっていて、そこに物理法則を付け加える（つまり、物理法則を適用して計算する）と、来週日曜日の午後8時に、太陽と月を結ぶ線分上に地球が入ることがわかったとしましょう。そのとき天文学者は、来週日曜日の午後8時に月食が起こる、と推論するでしょう。学者ではなく中学生でも、朝、学校へ行く途中にある池の水が凍っているのを見たならば、その「証拠」と、「水は0℃以下で凍る」という「法則」に基づいて、今朝の池の水面近くの気温は0℃以下まで下がったのだ、という結論を出すでしょう。

証拠や自然法則以外にも、話題の種類によっては、一般的に認められている「常識」や、場合によっては数学的な定理なども、推論の出発点になります。そのような推論の出発点は、それ自身の正しさが認められていて、そこから出発する推論の結論が正しいことの「理由」として提示されている、と言えるでしょう。

## †推論の確実さ

私たちが行なう様々な推論には、その「確実さ」に様々な程度があります。ここで推論の「確実さの程度」と呼ぶのは、理由（複数の理由があるときには、そのすべて）が正しいとき、どれだけ確実に結論も正しいと言えるか、その「程度」のことです。先ほど、推論の目的は、結論の正しさを「論証する」ことだと言いましたが、確実さの程度によって、「論証」の程度も違ってくることになります。

確実さの程度が最も高いのは、数学で許されるような、厳密な論理学の規則だけに従う推論です。そのような推論を、「演繹（deduction）」とか、「演繹的推論」と呼ぶことがあります。それは、推論の出発点である理由が正しいならば、論理必然的に、結論も正しくなるような推論です。数学における「証明」がその典型的な例ですが、数学以外のもっと日常的な話題についても、「演繹」は行なわれます。例えば、「今日は運動会の日だけれど、雨が降っている」ということと、「もしも運動会の日に雨が降ったら、運動会は中止になる」ということが両方とも正しいならば、「今日の運動会は中止だ」という結論は、演繹的・必然的に導き出される正しい結論です。

2番目に、「論理必然的」とは言えないけれど、現在正しいと考えられている自然法則が本当に正しいならば、必ず結論が正しくなる、と言えるだけの確実さ（自然法則的な必然性）をもった推論があります。前に挙げた月食の予測をする推論や、池の氷から水面近くの気温が0℃以下に下がったと結論付ける推論が、（第2章（129〜134ページ）で取り上げるような「暗黙の前提」が正しい限り、という条件付きで）その例です。

もう少し確実さは低いけれど、通常「まず間違いない」と考えられているのは、殺人事件の現場に落ちていたナイフの例です。つまり、そのナイフに付いていた血液のDNAが被害者のものと一致したならば、通常、それが殺人事件に使われた凶器であろうと推論するでしょう。しかし、その結論が間違っている可能性は、ゼロではありません。実は凶器は、犯人が持ち去った別のナイフであり、現場に落ちていたナイフは、被害者が殺される前に、誤って自分の体を傷つけてしまったもの、といった可能性が残されているからです。

インフルエンザが大流行している時期に、もし高熱が出たら（特にインフルエンザの予防接種を受けていない場合）、「インフルエンザにかかってしまったか」と思うことでしょう。しかしこれも、たまたまインフルエンザが大流行している時期に、高熱が出る別の病気にかかってしまった可能性が、いくらでも残されているので、さらに確実さが低い推論と言えるでしょう。

確実さがあまり高くない場合には、結論の前に「おそらく」、「たぶん」、さらには「もしかすると」を付けたり、結論の最後に「かもしれない」を付けたりすることによって、確実さの低さを自ら自覚していることを、示すことができます。

## †理由表示語と結論表示語

推論が行なわれていることを明確に示すような、言語表現があります。「……である。したがって（それゆえ）……である」、「……だから（なので）、……だ」、「……だ。なぜなら……だからだ」といったような表現です。このうち、「……だから」、「……なので」のように、理由を述べる部分の後に付いたり、「なぜなら」、「というのは」のように、理由を述べる部分の前に付いたりする表現を、「理由表示語」と呼び、「したがって」、「それゆえ」、「ゆえに」などのように、結論を述べる部分の前に付く表現を、「結論表示語」と呼ぶことにしましょう。「だから」や「なので」は、先ほどのように、理由を述べる部分に直接つながっている場合には理由表示語ですが、「……である。だから（なので）……である」のように、理由を述べる部分から「。」（あるいは「、」）で区切られ、結論を述べる部分につなげて、結論表示語として使うこともできます。口語的な表現では、「だって」も理由表示語と言えます。

文章の中に理由表示語や結論表示語が現われていれば、そこで推論が行なわれていることは明白であり、さらに、どの主張が理由として、またどの主張が結論として提示されているのかも、（多くの場合――例外については、後で触れます（87～90および96～99ページ））はっきりとわかります。したがって、文章の中で推論が行なわれていることを確認するためには、まずは理由表示語や結論表示語に注意することが大切です。

しかし、推論には必ず理由表示語や結論表示語が含まれている、というわけではありません。そういった表現を含まないが、意図されているのは推論だ、という場合もよくあります。例えば、

雨が降ってきた。洗濯物を取り込まないといけない。

と言う人は明らかに、単に二つのことを並べて主張しているのではなく、第1文を、第2文の理由として述べている、と考えるべきでしょう。したがって、他の人の話を聞いたり、他の人の文章を読んだりするときには、そこに理由表示語や結論表示語が含まれていなくても、推論が意図されているのかどうかに注意して、聞いたり読んだりしなければなりません。

ある文章が推論なのか、それともただいくつかのことが並べて主張されているだけなのかを判定したり、どの部分が理由で、どの部分が結論なのかを判断したりするための、一つのわかりやすいやり方は、「これが理由ではないか」と思われる部分を先に読み、その後に「だから」とか「したがって」といった結論表示語を付け加え、その後で結論と思われる部分を読んだときに、筋の通った自然な話として読める（聞ける）かどうかを考えることです。いまの例で言えば、

雨が降ってきた。だから、洗濯物を取り込まないといけない。

となります。これは、「筋の通った自然な話」でしょう。したがって、「だから」のない元

の例文も、推論として理解し、第1文が理由、第2文が結論と考えるのが適切です。また、「だから」を付け加える代わりに、逆に、結論と思われる部分を先に読み、その後に「なぜなら」といった理由表示語を付け加え、その後で理由と思われる部分（＋「……だからだ」）を読むこともできます。

第2章で見るようなもっと複雑な構造をもつ推論の場合には、全体としての大きな推論に含まれる、一つ一つの推論ステップについて、この作業をすることになります。また、前に述べた、理由から結論へと導く「確実さの程度」が高ければ、推論として読むのが適切でしょう。しかし、確実さの程度が低い場合には、（あまり確かでない）推論が意図されているのか、それとも単にいくつかのことが並べて主張されているだけなのかがはっきりしない、ということもありえます。

**練習問題1-1**　次のそれぞれの文章が推論であるかないかを判断し、推論であるならば、理由と結論がそれぞれどのような主張であるかを、答えなさい（解答は巻末）。

（1）少子高齢化が進むと、様々な産業で働き手が足りなくなる。元気な高齢者には、働き続けてもらうことが望ましい。

（2）太りすぎの人がダイエットをするのは、健康によい。しかし、太りすぎではないのに無理にダイエットをすると、健康を損なうことがある。
（3）自転車を使う人の約90％は、タイヤやブレーキの点検をほとんどしない。自転車の故障も、重大な事故の原因になりうるのだ。
（4）この夏は、電力供給が不足する心配がある。例年に較べて気温が非常に高くなると予想されているのだ。
（5）いまあなたは、この本を読んでいると思っているだろうが、これは夢かもしれない。人が夢を見ているときには、普通それを現実だと思っている。

## †「認識根拠」と「存在根拠」

上で述べた、「だから」などを付け加えることによって、推論であることや、どこが理由でどこが結論かをはっきりさせる方法を、次の文章に当てはめてみましょう。

風が強くなってきた。台風が近付いてきたのだ。

まず考えられるのは、

（1）風が強くなってきた。だから台風が近付いてきたのだ。

でしょう。しかしまた、次も「筋の通った自然な話」ではないでしょうか？

（2）台風が近付いてきたのだ。だから風が強くなってきた（のだ）。

「だから」を挟んで話の前後が逆になっているこの二つの文章が、どちらも「筋の通った自然な話」として読めるというのは、少々当惑させられる事態です。どちらの仕方でも、「だから」を入れて「筋の通った自然な話」になるのだから、元の文章を「推論」として読むことができるのは、確かです。しかし、第1文と第2文のうちの、どちらを理由とし、どちらを結論としても構わない、ということなのでしょうか？

ある意味ではその通りなのですが、しかしそのようなことが起こるのは、実は「理由」には二つの異なる種類があって、そのうちのどちらの種類の理由と取るかによって、それぞれ（1）と（2）が適切な形となるからなのです。これまでは暗黙のうちに、「理由」

は1種類だけだと仮定して話を進めてきたので、「推論」も1種類としてきたのですが、実際には、2種類の「理由」があり、それに対応して、2種類の推論があるのです。では、理由の「種類の違い」とは、どのようなことでしょうか？

（1）では、「風が強くなってきた」ことを「理由」として、そこから「台風が近付いてきた」と結論付けています。そしてそのときの「理由」とは、そこから導き出される結論を、「正しいと考えて（正しいと認識して）よい理由」です。そのような理由を、少し古めかしい哲学用語を使って、「認識根拠」としての理由、と呼ぶことにします。「認識根拠」としての理由の典型は「証拠」です。いまの例の「風が強くなってきた」という理由は、「台風が近付いてきた」ことの「証拠」として挙げられています。しかし「認識根拠」としての理由に含まれるのは「証拠」だけではなく、現在正しいと考えられている自然法則や、数学の定理、「常識」に属する一般的な信念など、先ほど（16〜17ページ）推論の出発点としての「理由」となりうるものとして挙げたすべてが、そこに含まれます。本書でこれまで「理由」と呼んできたのは、すべて「認識根拠」としての理由でした。そのような「理由」から結論を導き出す推論は、結論の正しさを論証しようとする推論です。

しかし（2）は、結論の正しさを論証しようとする推論ではありません。（2）の発話が行なわれる自然な場面は、どのようなものでしょうか？　風の音、雨粒が窓にたたきつけられる音が段々と強くなってきて、そこにいる誰もが、「風が強くなってきた」ことはわかっています。（実はこれは、（1）の発話が行なわれる自然な場面と同じです。）ですから、「風が強くなってきた」という（2）の結論の「正しさを論証する」必要はありません。そうではなく、「風が強くなってきた」ことはわかっていて、「なぜ」風が強くなってきたのか、その「理由」を指摘しているのです。ここでの「理由」は、「そう考えてよい理由」、「認識根拠」としての理由ではありません。これはもう一つの種類の理由、「そうである理由」、世界にそのような事態が存在している理由です。それを、再び古めかしい哲学用語を使って、「存在根拠」としての理由、と呼ぶことにします。「存在根拠」としての理由の典型は、「原因」です。（2）の推論は、風が強くなってきたことの「原因」（台風が近付いてきたこと）を、その「理由」として挙げています。しかし、「存在根拠」としての理由として考えられるのは原因だけではなく、認識根拠の場合と同じように、現在正しいと考えられている自然法則や、数学の定理、「常識」に属する一般的な信念なども、そこに含めることができます。

また、人があることを行なった理由、つまり「行為の理由」も、「存在根拠」に含めることにします。それは、その行為が現に行なわれたことの理由（行なわれたと考えてよい理由ではなく）、その行為が「存在する」ことの理由だからです。（なお、「認識根拠」や「存在根拠」という表現のここでの使い方は、伝統的な哲学の中での使い方とは少し違うかもしれません。しかし、ここでは哲学史の話をしているわけではないので、その点は無視することにします。)

「武史がコンビニで万引きをした」ということの「認識根拠」としての理由は、コンビニのドアの取っ手に武史の指紋が残っていたことや、防犯カメラに、武史とよく似た男が商品をポケットに隠すところが映っていたことかもしれません。それらは有力な「証拠」になります。それに対して、「武史がコンビニで万引きをした」ということの「存在根拠」としての理由は、武史が経済的に苦しい生活をしていたことかもしれません。それが、武史の万引きという「行為の理由(あるいは原因)」である可能性があります。

「証拠」という概念と「原因」という概念とは、ほとんど無関係と言えるほど異なる概念です。それほど異なる二つの概念(を、それぞれ「典型」とする二つの概念)が、「理由」という共通の名前で呼ばれ、それらを使って、先ほどのようにほとんど同じ形の推論ができるというのは、考えてみれば不思議なことです。なぜそんなことができるのかをうまく説明するのは、かなり難しいことなので、そこには立ち入りません。しかし、日頃あまり語られない(哲学の世界でも、あまり話題になりません)けれども、実際にそうなっている(「理由」ということばは多義的である)ので、「理由」ということばに出会ったときには、どちらの意味での理由なのかに、注意する習慣を付けるべきでしょう。（「多義性」については、第3章で少し詳しく考えます。）

というわけで、「認識根拠」と「存在根拠」という2種類の「理由」があり、それに対応して、「認識根拠」としての理由を与える推論と、「存在根拠」としての理由を与える推論との、2種類の推論があります。認識根拠を与える推論は、結論の正しさを論証しようとする推論であるのに対して、存在根拠を与える推論は、結論に述べられた事態の「生成の道筋」（典型的には因果の道筋）を示そうとする推論です。ただしこの「理由」の「種類の違い」は、「丸いもの」と「四角いもの」のように、相互排他的な、つまり、一方に属するものは決して他方には属さないような「種類の違い」ではなく、「丸いもの」と「赤いもの」のように、一つのものが両方の種類に属することが可能な——「赤い丸」は、両方に属します——「種類の違い」です。「証拠」と「原因」とは、概念としてはまったく異なりますが、後で触れるように（32〜34ページ）、「証拠」が同時に「原因」でもあること、正しさを論証することが、同時に生成の道筋を示すことは、ありうるからです。

次の二つの推論のうち、一つ目は認識根拠を与える推論、二つ目は存在根拠を与える推論です。

武史が商品をポケットに隠すところが、防犯カメラに映っていた。だから、武史はコンビニで万引きをしたのだ。

武史は経済的に苦しい生活をしていた。だから、武史はコンビニで万引きをしたのだ。

もしもあなたが、これら二つの「だから」の違いに初めて気が付いたのならば、その違いをしっかりと理解することによって、「推論」というものの世界が、これまでとは違って見えてくると思います。

存在根拠としての理由を与える推論は、そのほとんどすべてが、「なぜなのか」を「説明」するような推論です。（2）は、なぜ風が強くなってきたのかを「説明」しており、また、「行為の理由」を指摘して、「彼女は……と考えた。だから、……したのだ」という推論を提示することは、なぜ彼女がその行為をしたのかを、「説明」することです。そして、そのような「説明としての推論」で説明されているのは、結論として述べられている事実なのですが、「なぜなのか？」と説明が求められるのは、普通、既に事実であるとわかっていることです。「風が強くなってきた」ことは、誰もがわかっていることでした。「なぜ彼女はそんなことをしたのか？」と尋ねるとき、彼女がその行為を行なったことは、既にわかっています。わかっている上で、「それはなぜなのか」を尋ね、また説明するわけです。そこで、説明としての推論の結論は、「事実報告」とでも呼ぶべき言明です。ある事実が成り立っていることを主張する言明には、大きく分けて、既に事実とわかっていることを述べる「事実報告」と、まだ「わかっている」とは言い難い「推測」（あるいは「意見」、「考え」）という、二つの種類があります。上の（1）と（2）とでは、「風が強くなってきた」というのは「事実報告」であり、「台風が近付いてきた」というのは「推測」（かなりの確信はあるかもしれないが、「事実報告」とは言えない）と理解するのが自然でしょう。（それに対して、気象衛星からの画像を見ながら、「こんなに台風が近付いてきたぞ。だから明日は雨だな。」と言うときには、「台風が近付いてきた」は「事実報告」で、「明日は雨だ」は推測でしょう。）

そして、説明としての推論の結論は事実報告であるのに対して、認識根拠を与える推論の結論は、決して事実報告ではありえません。なぜなら、先に述べたように、認識根拠を与える推論は、その結論の正しさを「論証しようとする」推論であり、既に事実とわかっていることを「論証する」必要は、ないからです。認識根拠を与える推論の結論は「推測」（「意見」、「考え」）であり、推論によって、その「推測」が正しいことを、論証しようとするわけです。そこで、ある推論が与えられたとき、もしもその推論の結論が「事実報告」だと考えられるのであれば、もうそれだけで、そこで意図されているのは、認識根拠を与える推論ではなく、存在根拠を与える「説明」としての推論だと、考えることができます。（ただし、推論を提示した人の意図が、「事実報告」とそれに対する「説明」であったとしても、聞き手、読み手がその「事実」を知らなかった場合、その「説明」が「認識根拠を与える推論」としても機能することは、ありえます。116ページも参照。）

また、「理由」に関して言えば、認識根拠を与える推論の理由は、「証拠」を典型として、既に正しいとわかっている（あるいは、正しいと考えられている――この言い方を付け加えるのは、現在正しいと考えられている自然法則や「常識」も、将来訂正される可能性があるからです）ことでした。それに対して、存在根拠を与える「説明としての推論」の理由は、必ずしも、既に正しいとわかっている（考えられている）こととは限りません。先ほどの強風と台風の例では、理由として提示されたのは、「台風が近付いてきた」という「推測」でした。もちろん、説明としての推論の理由が、既に正しいとわかっていること（事実報告）である場合も、たくさんあります。特に、結論として述べられたできごとに対して、そのできごとの原因の「候補」と考えられる（そして、実際に起こったとわかっている）ことが複数ある場合、そのうちのどれが本当の原因であるのか（どれが「正しい説明」を与えるか）を、特定しなければならないようなときには、理由も結論も「事実報告」でありながら、説明としての推論が非常に重要な情報をもたらす、という場合もありえます。例えば、「結果」がある人の死であり、「原因」の候補が何人かの人たちの（行なわれたことが既にわかっている）行為である場合、誰の行為が犠牲者の死の原因となったのかは、重大な責任問題となるでしょう。「Aさんが……した。だからBさんは死んだのだ」という形の「説明の候補」の中から、刑事は、「正しい説明」を見つけなければなりません。

また逆に、正しいと考えられていないばかりか、これまで誰も考えてもみなかった、「画期的な提案」（それはもちろん、「事実報告」ではなく「推測」です）としての説明が、提示されることもあります。「エネルギーが飛び飛びの値しか取らないがゆえに、高温の物体が発する光の色は、温度によってこのように変化するのだ」という、マックス・プランクによる画期的な説明（プランクの量子仮説）が、20世紀の物理学に「量子力学」という驚くべき理論をもたらす第一歩になりました。

さて、先ほど、存在根拠としての理由を与える推論は、そのほとんどすべてが「説明」としての推論だと言いましたが、そうでないものもあります。未来のできごとを科学的に「予測」する推論は、未来のある時点で、あることが起こると考えてよい理由、「認識根拠」としての理由を与える推論ですが、その多くは、予測されるできごとがなぜ起こるのか、その「存在根拠」としての理由を与える推論でもあります。そういうことになるのは、認識根拠を与える道筋が、予測されている事態が生じる「生成の道筋」と一致するからです。そのような場合、認識根拠を与えることが、同時に存在根拠を与えることになります。次の文章が、その一例となるでしょう。

> 本日正午における、地球と太陽と月の位置関係と運動状態は、かくかくしかじかとなっている。このデータにニュートン力学を適用すると、明日の午後8時に、太陽と月とを結ぶ線分上に地球が入るという結論が出る。したがって、明日の午後8時には月食が起こるであろう。

この推論は、なぜ明日の午後8時に月食が起こると考えてよいのかの理由（認識根拠）を与えると同時に、なぜ明日の午後8時に月食が起こるのかの理由（存在根拠）をも与えています。認識根拠を与える道筋と、予測されている事態が生じる「生成の道筋」（ほぼ、原因から結果への因果の道筋）とが（したがって、予測されている事態にとっての「証拠」と「原因」とが）、一致しているのです。先の強風と台風の例（24ページ）では、認識根拠を与える推論（1）と存在根拠を与える推論（2）とで、向きが逆（理由と結論とが逆）になりましたが、この推論では、一つの同じ推論がその両方の働きをするのですから、もちろん向きは逆になりません。

同じことが、未来の（個別的な）できごとの予測ではなく、まだ知られていなかった「一般法則」の予測についても言えます。例えば、素粒子についての、正しいと考えられているある理論から、演繹的な推論によって、「かくかくの実験をすれば、しかじかの結果になるはずだ」という、これまで知られていなかった「法則」が、導き出されたとしましょう。そのとき、その推論では、なぜその「法則」が成り立つと考えてよいかの理由（認識根拠）と共に、なぜその法則は成り立つのかの理由（存在根拠。「素粒子はこのようにふるまうので、こういう実験をすれば、こういう結果が生じるのだ」）も、与えられます。

では、科学的な予測をする推論は、すべて両方の理由を同時に与えるのか（「証拠」と「原因」とは常に一致するのか）と言うと、必ずしもそういうわけでもありません。次の例を考えてみましょう。

気圧計の数値が段々と下がってきた。だから、間もなく雨が降り始めるだろう。

この推論の第1文は、「間もなく雨が降り始めるだろう」と考えてよい理由（証拠、認識根拠）を与えていますが、厳密に言えば存在根拠（原因）を述べてはいません。間もなく雨が降り始める原因は、気圧計の数値が下がることではなく、低気圧が近づいてきたことです。低気圧が近付いてきたことが「原因」で、その結果として、一方では気圧計の数値が下がるというできごとが起こり、他方では雨が降り始めるというできごとも起こるのです。（これは、第3章で取り上げる「共通原因による相関」（177〜178ページ）と、関連する例です。）認識根拠を与える道筋は、気圧計の数値が下がってきたという「証拠」から出発し、暗黙のうちに「低気圧が近付いてきた」ことを経由して、「間もなく雨が降り始めるだろう」という結論へと到った、と考えられます。なぜなら、この暗黙の経由地を通らなければ、「間もなく雨が降り始める」と予想すべき理由は、ないからです。そして、出発点の証拠から暗黙の経由地へと到る部分が、予想されている「雨」が生じる因果の道筋から、はずれているために、これは存在根拠を与える推論ではないのです。

「理由」に、認識根拠と存在根拠という二つの異なる種類があることに対応して、理由を尋ねる「なぜ……？」という問いにも、「なぜそう言えるのか？」（「なぜ武史が万引きをしたと言えるのか？」）という、「認識根拠」を尋ねる問いと、「なぜそうなっているのか？」（「なぜ武史は万引きをしたのか？」）という、「存在根拠」を尋ねる問いがあります。次の例を見てください。

捜査一課長「容疑者は三郎と真司に絞られたが、ホシはどっちだろうな？」
山田刑事「ホシは真司ですよ。」
捜査一課長「なぜだ？」（これは、「認識根拠」を尋ねる問いです。）
山田刑事「三郎にはアリバイがあることがわかったんです。」

母「なぜこんなに床が濡れてるの？」（これは、「存在根拠」（原因）を尋ねる問いです。）
娘「いまロン（子犬）がオシッコをしちゃったの。」

ここまで、認識根拠としての理由と存在根拠としての理由との区別（および、それぞれの理由を与える2種類の推論の区別）を論じてきましたが、数学や論理学の内部での推論・証明を、この本では、「認識根拠を与える推論」、「結論の正しさを論証する推論」として扱います。「それらは、存在根拠も与えているのではないか？」という疑問は、難しい哲学的問題になってしまうので、ここでは取り上げません。ここでは素朴に、「数学や論理学の内部には、時間・空間的な世界のできごとのような「生成」はないので、「生成の道筋」を示す「存在根拠を与える推論」もないのだ」と考えることにします。

**練習問題1－2**　以下の推論が、（a）認識根拠だけを与える推論、（b）存在根拠だけを与える推論、（c）両方の理由を与える推論の、いずれであるかを答えなさい。

（1）今年は野菜の収穫量が例年より少ない。だからこのところ、野菜の値段が上がっているのだ。

（2）このところ、野菜の値段が上がっている。だからきっと、今年は野菜の収穫量が例年より少ないのだろう。

（3）昨日、閉店後に金庫にしまった売上金が、夜の間に盗まれた。しかし、今朝店長が店を開けたときには、出入り口や窓は、すべてロックされた状態だった。したがって犯人は、店の鍵をもっている人間に違いない。

（4）週末の高速道路での交通量調査によると、土曜日よりも日曜日の方が、夕方の渋滞が起こる時間帯が早い。それは、多くの人たちが日曜日には、翌日の月曜日の仕事や学校のために、早く家に帰ろうとするからだ。

（5）資本主義経済は、やがて限界を迎えるであろう。資本主義という経済システムは、経済が「成長」してゆくことを前提としたシステムである。しかし、資源の面でも環境の面でも、いわば絶対的な壁があるために、生産や消費が永遠に増え続けてゆくことは、不可能なのだ。

## 1・2 「推論」の理解をもう一歩進める

### †推論と条件文

ここで、推論と「条件文（仮定文）」との関係を取り上げておきましょう。条件文とは、「もし運動会の日に雨が降ったら、運動会は中止になる」といったように、もしもある条件が成り立つならば、別のあることも成り立つ、という趣旨の文です。「もし……ならば」という形を典型とする前半の部分（条件を述べる部分。ただし「もし」は省略可能）を、条件文の「前件」、後半の、その条件の下ではどうなるかを述べる部分を、「後件」と呼びます。いまの条件文とよく似た「推論」として、「運動会の日に雨が降ったので、運動会は中止になった」というものが考えられます（これは、「存在根拠」を与える「説明」としての推論として読むのが、一番自然でしょう）。ここで取り上げるのは、このような「推論」と

「条件文」との関係、もっと一般的に言えば、「AならばB」と「AだからB」との関係です。まず、これら二つの文が異なることを言っていることに、注意しましょう。条件文「AならばB」では、AもBも、単独では主張されておらず、条件文全体が、AとBとのつながりという一つのことを主張しています。それに対して推論「AだからB」では、まずAが理由として主張され、そこからの結論としてBも主張されています。条件文と推論との、この違いをきちんと理解しておくことは、重要です。

条件文を主張することと推論をすることとの間のこの基本的な違いは、かなりはっきりしたことなのですが、しかし少々厄介なことに、この違いを覆い隠すような事情が、日常的な語り方の中には色々とあるのです。

まず、条件文を作るときにも推論をするときにも、同じ表現が使われることがあります。例えば、「そうすると」です。次の二つの例文のうち、一つ目では「そうすると」は、「もしもそのようにすると」という、条件文の前件であり、二つ目では、推論における「結論表示語」です。

認知症を予防するためには、1日に20分ほど早歩きをするのがよい。そうすると脳の血流がよくなり、脳が活性化して認知症になりにくくなるのだ。

ある殺人事件があり、捜査の結果、容疑者は三郎と真司の二人に絞られた。そしてさらに詳しく調べたところ、三郎にはアリバイがあることがわかった。そこで捜査一課長はつぶやいた。「そうすると、ホシは真司だな。」

ここで、一つ目の例文について少し注意しておきたいことがあります。この文章も全体としては推論になっています。第1文が結論で、第2文で言われている「そうすると（つまり、もしも1日に20分ほど早歩きをすると）、……認知症になりにくくなる」ということが、その結論に支持を与える理由です。しかし私の経験では、「この文章で行なわれている推論の結論は、どの文にありますか？」という質問に対して、「第2文」と答える人がかなり多いのです。なぜなのでしょう？

どうもそういう人たちは、この推論の結論と、「1日20分ほどの早歩き」をすることの結果とを、混同しているのではないかと思います。第1文で、認知症予防対策として「1日20分ほどの早歩き」が提案され、そして第2文では、それを実行した場合の結果が述べられています。そこで、その結果を、結論と取り違えてしまったように思われるのです。そしてその際、もしかすると「そうすると」が、推論の結論表示語のように見えてしまったのかもしれません。

たしかにこの推論は、「認識根拠」と共に「存在根拠」（＝原因）としての理由をも与える推論なので、「結果」を「結論」と考えること自体が間違いなのだ、とは言えません。しかし、第2文で述べられているのは、「1日20分ほどの早歩き」をすることの結果であって、「そうするのがよい」ことの結果ではありません。むしろ、「そうするのがよい」こと（つまり、第1文で言われていること）が、第2文で言われていることの「結果」であり、この推論の「結論」なのです。実際、前に述べた理由と結論との判定法（21〜22ページ）を使って、第2文の初めに「なぜなら」を付け加え（そしてそれに対応して、文末を「なるのだ」から「なるからだ」に変え）ると、

> 認知症を予防するためには、1日に20分ほど早歩きをするのがよい。なぜなら、そうすると脳の血流がよくなり、脳が活性化して認知症になりにくくなるからだ。

となります。これは「筋の通った自然な話」です。一般的に言って、「……するのがよい」という「推奨」あるいは価値判断を結論とする推論では、その推奨や価値判断の理由として、もしも……したら、その結果としてどういう（よい）ことが起こるのかを述べる、

というのが、最もよくある形だと言えるでしょう。

少し長くなりましたが、一つ目の例文についてはこれくらいにして、二つ目の、殺人事件についての例文に行きましょう。これは、容疑者が三郎と真司の二人だけだという情報と、三郎にはアリバイがあるという情報とを合わせて、そこから捜査一課長は「ホシは真司だ」という結論を引き出した、と読むのが自然な読み方でしょう。したがって、ここでの「そうすると」は、結論表示語として働いています。

「そうすると」と同じく「そうしたら」も、条件文の前件と結論表示語との両方に使えると思いますが、（少々不思議なことに）「そうすれば」は（少なくとも私の語感では）、「もしもそのようにすれば」という条件文の前件としてしか、使えないように思います。先ほどの捜査一課長の発言の中の「そうすると」を「そうすれば」に変えると、日本語として不自然に感じるのです。また、「……ことによって」も、条件文の前件と推論（今度は、結論にではなく理由につながっているので、理由表示語として）の両方に使えます。ただし、推論における理由表示語となるのは、「存在根拠」を与える推論に限ります。次の一つ目の例文では、「……ことによって」は条件文の前件であり、二つ目の例文では（存在根拠としての）理由表示語です。

直ちに株を売却することによって、最大の利益が得られる。

台風が接近したことによって、雨脚が強くなった。

一つ目の例文では「もし……ならば」と言い換えられること、二つ目では、「台風が接近したので」と言い換えられることを、確認してください。それでは、「ことによって」のこの二つの用法を、われわれはどのように区別しているのでしょうか？　それは、「ことによって」の前後にある二つの部分それぞれが、真であると主張されているものと読めるかどうかによると思います。一つ目の例文は、全体として未来に関する言明であり、まだ「直ちに株を売却する」かどうか、したがって「最大の利益が得られる」かどうかは、確定していないと読むべきでしょう。その場合には、条件文として読むのが自然です。それに対して二つ目の例文では、前半の「台風が接近した」も、後半の「雨脚が強くなった」も、過去形で書かれていて、既に生じた事実として主張されています。そのことから、「台風が接近」したことが理由（原因）で、その結果として「雨脚が強くなった」と言われているものと、つまり、存在根拠を与える推論が行なわれているものと、読むことができます。

さて、この話をするのは少々気が重いのですが、さらに厄介なことがあります。実質的には推論が行なわれていることは確かだと思われるのに、形の上では条件文になっている、という場合が、日常的によく現われるのです。先の捜査一課長の例で、部下から「三郎にはアリバイがあることがわかりました」という報告を受けた一課長が、「それならばホシは真司だな」と応じるのは、自然な発言でしょう。そして「……ならば」というのは、典型的な条件文の前件の表現です。しかしこのとき一課長は、「もしも三郎にアリバイがあるならば、ホシは真司だ」という条件文を言いたいのではなく、端的に「ホシは真司だ」という結論を出した（推論した）、と理解するのが最も自然でしょう。その条件文が正しいことは、前からわかっていたことだし、その後一課長は、直ちに真司の逮捕状請求に取りかかるでしょうが、それは、「ホシは真司だ」と断定できたからです。

けれども、いまの例を少し変えて、まだ確かなことはわからない状態で、部下の「もしかすると、三郎にはアリバイがあるかもしれませんね」という発言に対して、同じく「それならばホシは真司だな」と応じた場合には、条件文が主張されていると取るべきでしょう。このように、典型的には条件文として使われる同じ文が使われていても、文脈によって、実際に条件文が主張されている場合と、そうではなく推論が行なわれている場合とが、ありうるのです。

このような事態について、言語学者がどのように考えるのか、私は知りません。しかし、あまり話を複雑にしないために、次のように考えることも可能だろうと思います。つまり、「……ならば」の最も典型的な用法は条件文の前件なので、推論をしていると思われる場合でもその用法が使われていると考え、一課長が述べたのは、「もしも三郎にアリバイがあるならば、ホシは真司だ」という条件文なのだが、それと「実際に三郎にはアリバイがある」とを合わせれば、「ホシは真司だ」という結論を出せることは言うまでもないので、結論は言わずに済ませた（しかし、心の中では結論を出した――「暗黙の推論」を行なった）、と解釈するのです。実際、部下の報告を聞いた一課長が、「そうだったのか。三郎にアリバイがあるんだったらホシは真司だな。よーし、よく調べたぞ！」というような、明らかに条件文である表現で反応をしていても、おかしくないでしょう。このとき、一課長は部下の報告から「ホシは真司だ」という結論を（心の中で）出しながらも、実際に主張されているのは、表現としては明らかに条件文です。そこで、このように表面上条件文のように見える文は、できるだけ条件文として理解する、という方針をとりたいと思います。そしてその上で、さらに「暗黙の推論」が行なわれていると理解するのが適切かどうかを、考えることにしましょう。もちろん、「それならば……」という形で推論が行なわれているのだと考えてはいけない、というわけではありません。実際に述べられているのが条件文なのか、それとも推論なのか、ということに、あまり頭を煩《わずら》わせるのはやめよう、というだけです。条件文を主張することと推論をすることとの違いは重要ですが、推論が行なわれているとき、それが「述べられている推論」なのか、それとも「暗黙の推論」なのかの違いは、本書の目的にとって、あまり重要ではないと思うからです。これで少し気が軽くなりました。

条件文についてもう一つ、「前件の省略」という現象を、取り上げておきましょう。

もしも大学のキャンパスを全面禁煙にすると、近隣住民との間に摩擦が起こる危険がある。なぜなら、どうしてもタバコを吸いたい学生（教職員？）が道路に出てタバコを吸い、近くの住民に迷惑をかけるかもしれないからだ。

もしも大学院の授業料を無料にすれば、これまで経済的な理由で大学院進学をあきらめていた優秀な学生が、大学院に進む可能性が高くなる。したがって、学術水準の向上が期待できる。

これらの例文は、両方とも推論を含んでおり、両方とも第1文が条件文になっています。

推論の結論は、一つ目の例文では第1文、二つ目では第2文です。そしてどちらの例文でも、第2文は、第1文と同じ前件をもつ条件文が意図されているのに、その前件が省略されています。一つ目では、「どうしてもタバコを吸いたい学生（教職員？）が道路に出てタバコを吸い、……」というのは、「もしも大学のキャンパスを全面禁煙にすると」という条件の下であり、二つ目でも、「学術水準の向上が期待できる」のは、「もしも大学院の授業料を無料にすれば」という条件の下で、と読むべきでしょう。このように、日本語に限らず多くの自然言語で、同じ前件をもつ条件文が続くときには、二つ目以降の前件を省略することが普通に行なわれているので、注意が必要です。

### †少し複雑な推論

このあたりで、たくさんの「前件省略」を含み、もう一段階複雑な構造をもつ推論の例を見て、次章の「推論の構造」のための準備を始めることにしましょう。

健康診断での消化器検査を、バリウムを飲んでX線撮影をするやり方から、胃カメラによる検査へと変更すれば、単なる胃の「シルエット」だけでなく、胃の表面を鮮明に見ることができるので、がんの早期発見が容易になる。しかも、バリウムの場合のかなり多量のX線照射を受けないで済む。したがって、健康上得るところが大きい。

推論には、何段階ものステップを含んでいたり、一つの結論を主張するためにいくつもの理由が述べられていたりするものがあります。この文章は、その両方を含む例です。したがって少々複雑で、しかも「条件文の前件省略」も行なわれています。しかし、決して難しいことが言われているわけではありません。文章を読んで、「複雑でわかりにくいな」と感じたら、もう一度ゆっくりと読み直すことが大切です。それによって、理解は格段に上がります。その上で、この文章の(最終的な)結論が何であるかを考えましょう。いくつものステップをもつ推論には、最終的な結論の他に、中間的な結論もあります。この例文では、最終結論は、「したがって」という結論表示語で始まる第3文の

健康上得るところが大きい。

でしょう。しかし、単に「健康上得るところが大きい」と言ったのでは、何のことだかわかりません。ここでは明らかに、条件文である第1文と同じ前件(短縮して「消化器検査をバリウムから胃カメラへと変更すれば」と書くことにします)をもつ条件文が、つまり、前

件を省略した条件文が意図されています。したがって、省略せずに書けば、結論は

消化器検査をバリウムから胃カメラへと変更すれば、健康上得るところが大きい。

となります。

そして、第2文の「バリウムの場合のかなり多量のX線照射を受けないで済む」という主張も、同じ前件をもつ条件文を意図した、前件を省略した条件文です。そしてこの主張は、最終結論を支持するための一つの理由とされています。

さて、少し厄介なのは、少々長めの第1文です。この文は、どのような構造をもっているでしょうか？　9行前で、「条件文である第1文」と書きましたが、実はこれは正確ではありません。もし第1文が全体として条件文であるならば、その前件は（短縮形で）

消化器検査をバリウムから胃カメラへと変更すれば

であり、後件は

単なる胃の「シルエット」だけでなく、胃の表面を鮮明に見ることができるので、がんの早期発見が容易になる。

ということになるでしょう。けれども、この「後件」と見られた部分の中には、「……できるので」という「理由表示語」があります。つまりこの部分では、前半から後半へと推論が行なわれているのです。しかし、前に述べた通り、「AならばB」という条件文では、AとBとのつながりという一つの主張が行なわれているだけです。そして、一つの主張の中で「推論」が行なわれることは、ありえません。「推論」とは、（一つまたはいくつかの）「理由」が主張され、そこから（何段階かのステップをたどって）結論の主張への移行が行なわれることです。つまり、主張が推論を構成する単位なのであって、一つの主張の中で推論が行なわれることは、ありえないのです。

では、この第1文は全体として、どのような構造になっているのでしょうか？　それは、全体として条件文なのではなく、全体としては推論であり、「ので」の前が条件文の形をした理由、その後が結論となっています。ただしその結論も、前件を省略した条件文であり、前件を補足すれば、消化器検査をバリウムから胃カメラへと変更すれば、がんの早期発見が容易になる。

となります。これは、この例文で行なわれている推論全体の中では「中間的な結論」(「中間結論」と呼ぶことにしましょう)であり、先に触れた(前件を補足した)第2文と共に、最終結論を支持する理由となっています。

ここで、第1文の構造を印象的に捉えるために、それを構成している三つの部分を、次のようにA、B、Cと表わしてみましょう。

A:消化器検査をバリウムから胃カメラへと変更する。
B:単なる胃の「シルエット」だけでなく、胃の表面を鮮明に見ることができる。
C:がんの早期発見が容易になる。

そしてさらに、条件文「…ならば〜」を「… → 〜」、推論「…だから〜」を「… ⇒ 〜」と表現しましょう。するとこの第1文は、

(A→B)⇒(A→C)

という構造をもっている、と言うことができます。一つの文でも、これだけ複雑な構造をもつことがあるのです。

初めに、この第1文は全体として条件文ではないかと考えたときには、次のような構造を考えていました。

A→（B⇒C）

しかしこれでは、条件文の後件の中で推論が行なわれていることになり、ありえない構造だったのです。この例文は、次章でもう一度取り上げることにします。

いま取り上げたような、前件を省略した条件文を含む推論は、以前に見た例文の中にも現われていました。その一例は、46ページの次の例文です。

もしも大学のキャンパスを全面禁煙にすると、近隣住民との間に摩擦が起こる危険がある。なぜなら、どうしてもタバコを吸いたい学生（教職員？）が道路に出てタバコを吸い、近くの住民に迷惑をかけるかもしれないからだ。

この例文の第2文では、条件文である第1文と同じ前件「もしも大学のキャンパスを全面禁煙にすると」が省略されていることは、前に述べました。では、その前件を付け加えることにしましょう。（ただし、第1文に対する理由としての関係を表示する「なぜなら」と「からだ」は省略。）

もしも大学のキャンパスを全面禁煙にすると、どうしてもタバコを吸いたい学生（教職員？）が道路に出てタバコを吸い、近くの住民に迷惑をかけるかもしれない。

さてこの文は、果たして全体として一つの条件文だと言ってよいでしょうか？　確かに文法的には、そのような読み方も不可能ではないでしょう。その場合、その条件文の後件は、

どうしてもタバコを吸いたい学生（教職員？）が道路に出てタバコを吸い、近くの住民に迷惑をかけるかもしれない。

ということになります。では、この部分の前半「どうしてもタバコを吸いたい学生（教職員?）が道路に出てタバコを吸い」と、後半「近くの住民に迷惑をかけるかもしれない」との関係は、どのように考えるべきでしょう? 文法的な（形式的）可能性だけでなく、内容的なつながりも考えた場合、前半は後半の「理由」（認識根拠と存在根拠の両方）を述べているように思われます。つまり、前半から後半へと推論が行なわれていると読むのが、自然な読み方だと思われるのです。（二つの部分の間に「したがって」を付け加えると、筋の通った自然な話として読むことができるでしょう。）しかし、胃カメラの例文のところで述べたように、条件文の後件の中で推論を行なうことは、不可能です。したがって、第2文が全体として一つの条件文だと考えることはできません。やはりこの例文でも、条件文から条件文への推論が行なわれているのです。その推論の理由と結論は、次の通りです。

理由：もしも大学のキャンパスを全面禁煙にすると、どうしてもタバコを吸いたい学生（教職員?）が道路に出てタバコを吸うかもしれない。

結論：（したがって）もしも大学のキャンパスを全面禁煙にすると、どうしてもタバコを吸いたい学生（教職員?）が、近くの住民に迷惑をかけるかもしれない。

そしてこの結論が、第1文、すなわち、

> もしも大学のキャンパスを全面禁煙にすると、近隣住民との間に摩擦が起こる危険がある。

の理由となっているわけです。ただしここでは、次のような解釈を加えてあります。一つは、実際の例文の最後の「かもしれない」は、前にも触れたように、断言を避けて「可能性がある」という弱い主張にする働きをしますが、その働きは、前半の「……道路に出てタバコを吸い」と、後半の「近くの住民に迷惑をかける」との両方に作用していると、つまり、「……道路に出てタバコを吸うかもしれないので、近くの住民に迷惑をかけるかもしれない」という趣旨の推論と解釈しています。そしてもう一つ、省略されている結論部分の主語は、理由部分の主語と同じだと解釈しています。このように自然言語では、条件文の前件に限らず様々な省略が行なわれるので、「論理的に考える」ためには、常に、「省略しないで言うとすれば、何が言われているのか」を考える必要があります。

なお、いまの第一の解釈について、次のような疑問をもつ人がいるかもしれません。

「ここで「推論」が行なわれている、というのはいいとしても、元の文では、「……タバコを吸い、（したがって）……迷惑をかける」の全体に「かもしれない」がかかっているので、「迷惑をかける（かもしれない）」のは、実際にタバコを吸った場合だけだ、という趣旨の推論と考えるべきだろう。しかし、理由と結論の両方に「かもしれない」を付けてしまうと、（実際にタバコを吸わなくても）「吸うかもしれない」というだけで、「迷惑をかけるかもしれない」理由になると認めることにならないか――例えば、「雨が降るかもしれないので、コンビニの傘が売り切れるかもしれない」と言う場合、実際には雨が降らなくても、「降るかもしれない」だけで、用心深い人たちが傘を買って売り切れる、という場合も見込んでいる、と理解できる」という疑問です。しかし、この疑問にきちんと答え、この二つの推論を区別するのは、かなり複雑で難しい話になってしまうので、ここでは、この微妙な区別には目をつぶることにします。

もう一つだけ、前に取り上げた「認知症予防」の例文（39ページ）をもう一度考えることにしましょう。それは、次のような例文です。

認知症を予防するためには、1日に20分ほど早歩きをするのがよい。そうすると脳の血流がよくなり、脳が活性化して認知症になりにくくなるのだ。

傍点をつけた「そうすると」が、条件文の前件となっていることは、前に述べました。そして、この例文の第2文にも、これまで述べてきたことが当てはまります。ここには、「そうすると」、つまり「1日に20分ほど早歩きをすると」何が起こるのかについて、三つのことが主張されています。「脳の血流がよくなる」、「脳が活性化する」、「認知症になりにくくなる」の三つです。その三つの主張はすべて、「そうすると（1日に20分ほど早歩きをすると）」を前件とする条件文の主張と考えるべきでしょう。そしてそれらの主張は、前から後へと推論の形でつながれている、と理解するのが、自然な読み方でしょう。つまり、

そうすると脳の血流がよくなり、したがって、そうすると脳が活性化し、したがって、そうすると認知症になりにくくなる。

ということが言われているわけです。ここでの推論も、認識根拠と存在根拠の両方を与える推論と取ることができます。そして、ここでの最後の主張、「そうすると認知症になりにくくなる」が、第1文

認知症を予防するためには、1日に20分ほど早歩きをするのがよい。

の理由となっています。

この例文のように比較的短い文章でも、何段階かの推論を含んでいることがあります。ある文章でどのような推論が行なわれているのかを理解するためには、このように、その構造をていねいに考えることが重要です。第2章では、推論の構造を明示的に図で表現する方法を説明します。

## †理由からの推論と、仮定からの推論

これまでは、（認識根拠または存在根拠としての）「理由」を主張することから出発して、結論へと到るような推論を取り上げてきました。これが推論の基本形です。しかし推論には、いわばその「応用」として、「理由」を主張する代わりに「仮定」を置いてみて、そこから出発する、という使い方があります。「理由」を主張することから出発する推論を、「理由からの推論」、「理由」の代わりに「仮定」を置いて出発する推論を、「仮定からの推論」と呼ぶことにしましょう。（ただし、「仮定からの推論」の中には、一つの出発点として

「仮定」を置き、さらに別の出発点として「理由」を置く、といった場合もあります。複数の出発点がある場合、そのすべてが「理由」であるものだけが「理由からの推論」であり、一つでも「仮定」があれば、「仮定からの推論」です。複数の仮定を置く「仮定からの推論」もあります。）「理由からの推論」に、認識根拠を与える推論と、存在根拠を与える推論とがあることに対応して、「仮定からの推論」にも、認識根拠の代わりに仮定を置く推論（「仮定からの認識的推論」と呼びましょう）と、存在根拠の代わりに仮定を置く推論（「仮定からの存在的推論」）とがあります。

理由からの推論と仮定からの推論との違いは、推論の出発点の中に、「仮定」、つまり、正しいものとして主張されているのではなく、正しいものと仮定されているだけのものが、あるかないかの違いだけです。言い換えると、推論の「内部」で行なわれていることには、違いがありません。認識根拠を与える推論と、仮定からの認識的推論とでは、どちらも、理由なり仮定なりが正しいときに、結論も正しいことを論証しようとしており、存在根拠を与える推論と、仮定からの存在的推論とでは、どちらも、理由なり仮定なりが正しいということから、結論に述べられた事態へと到る「生成の道筋」を示そうとしています。ですから、「理由から」と「仮定から」との違いは、推論の「種類」の違いというよりも、むしろ推論の「使い方」の違いと見た方がよいでしょう。

「仮定からの推論」の一つの典型的な形は、ある「仮定」が正しいとしたら、何が起こるかを「予測」する推論でしょう。人類が現在と同じように化石燃料（石油、石炭や天然ガス）を燃やし続けると「仮定」したら、20年後の地球上の平均気温はどうなるか、その場合の気象現象のあり方や海水面の高さはどうなるか、厳しい予測が示されています。囲碁や将棋で「次の一手」を考えるとき、「ここに打つ（と「仮定」する）と相手はどう打つか、するとその先どのように展開するか、……」と「先を読む」のも、仮定からの推論です。もしも災害が起こったとしたらどの範囲に被害が及ぶかを予想する推論や、戦争が勃発した場合に関するシミュレーションなども、その例となるでしょう。それらの多くは、「仮定からの認識的推論」であると同時に、「仮定からの存在的推論」でもあります。

「仮定からの推論」の、やや特殊だけれど重要な二つの例として、数学における証明の方法としての「帰謬法《きびゅうほう》」と、理論的な科学研究の方法である「仮説演繹法」とを挙げておきましょう。

ここで「帰謬法（reductio ad absurdum）」と呼ぶのは、高校の数学で「背理法」と呼ばれているものと同じです。「謬」という字が常用漢字に入っていないために、文部科学省では「背理法」と呼ぶことに決められていますが、「理に背く方法」というのはおかしいではないかという、論理学者の故前原昭二先生の意見に私も賛成なので、昔ながらの「帰謬法」――「誤謬（矛盾）へと帰着させる方法」――という名前を使います。それは、「Aではない」という仮定を立て、そこからの演繹的な（つまり、厳密に数学的・論理学的な）推論によって矛盾命題（例えば「Bであり、かつBでない」）を導き出すことによって、「Aである」ことを証明する、という方法です。
「Aではない」が正しいという仮定から、厳密な数学的推論によって矛盾命題が導き出されたということは、もしも「Aではない」が正しいとしたら、矛盾命題も正しいということです。しかし、矛盾命題が正しいことはありえません。したがって、「Aではない」が正しいこともありえず、「Aである」が証明されたことになるわけです。この証明における、「Aではない」から矛盾命題を導く推論は、もしも「Aではない」が正しいと仮定すると、矛盾命題も正しいことになってしまう、ということを示すための推論です。

　帰謬法（背理法）は高校数学のどこかで学ぶのですが、読者の中には、2の平方根$\sqrt{2}$が無理数であることの帰謬法による証明を教わったことを、覚えている人もいるのではないでしょうか？　それを一例として示しておきましょう。（ただし、現代の記号論理学の用語としては、「帰謬法（背理法）」はもっと限定された意味で使われており、次の例は厳密に言うと「帰謬法」には属しません。）
「無理数」とは、「有理数」ではない数のこと、「有理数」とは、整数／整数という分数の形で表わすことができる数のことです。そこで、$\sqrt{2}$が無理数であることを帰謬法によって証明するためには、まず、その命題が間違っている、つまり、$\sqrt{2}$は有理数、すなわち整数／整数という形の分数になる、と「仮定」します。そして、整数／整数という形の分数は、必ず「既約分数」、つまり、もうそれ以上約分できない分数の形に書き直すことができるので、$\sqrt{2}=N/M$であり、かつ$N/M$は既約分数となるように、（正の）整数$M$と$N$を定義します。そして、いまの定義式の両辺を二乗すると、$2=N^2/M^2$となります。この式の両辺に$M^2$をかけると、$2M^2=N^2$であり、$M$は、したがって$M^2$は整数なので、$N^2$は整数の2倍であり、したがって偶数になります。すると、もし$N$が奇数だとしたら、$N^2$は偶数にはならないので、$N$は偶数でなければなりません。そこで、$n$を整数として$N=2n$と書くことができます。それゆえ、$N^2=4n^2$です。これを3行前の$2M^2=N^2$に代入すると、$2M^2=4n^2$となり、両辺を2で割ると、$M^2=2n^2$となります。すると今度は、$M^2$が、したがって$M$が、偶数だとわかります。こうして、$N$も$M$も偶数だということになりました。しかしそうすると、$N/M$という分数は、分母も分子も偶数なので、両者を2で割って約分できることになります。しかし$N/M$は、定義により既約分数でした。こうして、もし$\sqrt{2}$が有理数だと「仮定」すると、そこから、「既約分数（約分できない分数）が約分できる」という、矛盾命題が帰結しました。ここまでが、「仮定からの（認識的）推論」です。

そして、この推論が成立するということによって、$\sqrt{2}$は有理数ではない、つまり無理数であることが、証明されました。これが、「帰謬法」による証明の（最も有名な）一例です。これは、帰謬法としては最も単純な部類に属しますが、かなり長い証明になりました。

「仮定からの推論」の、やや特殊だけれど重要なもう一つの例は、「仮説演繹法」と呼ばれる、理論的な科学研究のやり方です。それは、ある仮説（まだ正しいかどうかわからず、仮に「正しい」と仮定される説）について、「もしこの仮説が正しいとしたら、そこから何が言える（演繹できる）か、とりわけ実験や観察の結果について、どのようなことが言えるか」を考える、という方法です。その仮説を正しいものと仮定して、それと、既に正しいと認められている他の理論的な諸法則とから、観察可能な結論を推論し、その結論が果たして本当に成り立つかどうかを調べます。例えばその結論は、既に正しいと知られている「経験法則」（観察可能なものの間で成り立つ法則）かどうか、もしその結論が、既に正しいと知られているものでなければ、新たに実験・観察を行なって確かめる、という具合です。

　このように推論と実験・観察を繰り返し、その仮説から導かれるたくさんの観察可能な結論が、すべて正しいと確認できれば、おそらくその仮説自体が正しいのだろうと考えよう、というわけです。観察データをただ集めただけでは、そこから、そのデータを説明できるのはどのような理論的法則であるかを導き出すことは、極めて困難です。そこで逆に、ある理論的な（有力そうに思われる）「仮説」を先に設定して、データがそれに合致するかどうかを調べるのです。素粒子物理学のような高度に理論的な科学では、一つの仮説を単独で直接経験的に確かめる、ということはできません。そこで、提案された仮説を、既に正しいと認められている様々な法則と組み合わせることによって、どれだけデータと合致するかを調べるという、間接的な仕方で仮説の評価を行なうほかないのです。

このような「仮説演繹法」によって理論的な科学研究が行なわれている限り、「この理論によって、われわれがもっているデータはすべて説明できる」と言うことはできても、「われわれがもっているデータをすべて説明できるのは、この理論だけだ」ということは言えません。もしかすると、これまで誰も考えたこともないような別の理論によっても、人類がこれまでに獲得したすべてのデータが、説明できるかもしれないのです。「仮説演繹法」は、そのような可能性が常に開かれている方法なのです。

最後に、「仮定からの推論」と、前に取り上げた「条件文の前件省略」との関係について、触れておきたいと思います。「条件文の前件省略」があるとき、前件が省略されているにも拘らず、私たちは極めて自然にそれを「条件文」として理解しているように思います。私自身、60歳を過ぎてから「クリティカル・シンキング」の授業を始めたのですが、そのために色々な種類の推論を主題的な考察対象とするようになって、初めて「条件文の前件は、こんなにあたりまえのように省略されるのだ」ということに気が付いて、驚いた記憶があります。つまり、それまでは省略に気が付かないほど、あたりまえのこととして条件文と理解していたわけです。では、前件が省略されているのに、なぜわれわれは自然にそれを条件文だと理解できるのでしょう?

これは私の推測なのですが、おそらくその理由は、省略されていない最初の条件文の前件を、「仮定」として立てて、その後は(「気持ち」としては)「仮定からの推論」のように考えているから、ということではないかと思います。その「仮定からの推論」の中では、前件部分は出発点として「仮定」されており、そこから導き出せること(「後件」にあたること)だけが、結論として主張されるのではないかと思うのです。前に、「AならばB」という条件文と「AだからB」という推論との区別を強調しましたが(39ページ)、そのときの推論は「理由からの推論」でした。そこではAは「理由」として主張されています。しかし「仮定からの推論」では、出発点のAは、正しいものと主張されてはおらず、「もしAが正しいとしたら、どういうことになるか」を考えるために、仮に正しいものと「仮定」されているだけです。したがって、「AならばB」という条件文を主張することと、Aを仮定してそこからBを推論すること(仮定からの推論)とは、ほとんど同じことなのです。

もちろん、前件を省略しても条件文として理解「できる」としても、省略したくなる積極的な理由がなければ、実際に省略することにはならないかもしれません。しかし、これまで取り上げてきた前件省略の例文に、省略された前件をすべて補足して読んでみれば、誰でもわかるように、それは非常に冗長でまどろっこしい文章になります。むしろその方が、理解が難しくなるような感じさえするのです。そこで、省略しても理解でき、なおかつ、省略しないとまどろっこしくて読みにくい、という二つの事情が相俟《あいま》って、「条件文の前件省略」が非常に一般的な慣習になっているのではないかと、私は推測しています。しかし「論理的に考える」ときには、それが条件文であることと、「仮定からの推論」では、結論が主張できるのはその「仮定」の下でのみであることを、忘れないことが重要です。

この章では、いきなりたくさんのことを述べたので、最後に要点を整理しておきましょう。

1. 「論理的に考える」とは、論理的に正しい「推論」をすることである。
2. 推論の確実さには、様々な程度がある。

3. 推論を見付けるには、まずは「理由表示語」や「結論表示語」に注目すること。
4. 「理由」には、「認識根拠」としての理由（典型的には「証拠」）と、「存在根拠」としての理由（典型的には「原因」）とがある。「理由」は多義的である。
5. 「AならばB」という「条件文」と、「AだからB」という推論との違いは重要。しかし、同じ表現が条件文の前件としても、推論の理由表示語や結論表示語としても使われることがあり、さらに、実質的には推論が行なわれているのに、表面的には条件文のような言い方をすることもあるので、注意が必要。
6. 同じ前件をもつ条件文が続くときには、二つ目以降、前件を省略するのが一般的。
7. 推論には、「理由からの推論」と「仮定からの推論」とがあるが、どちらの推論でも、実際にその中で行なわれることは、同じである。

第2章

# 推論の構造

# 2・1　推論の基本構造

## †構造図

　前章の後半で、少し複雑で構造が見て取りにくいような、推論を含む文章を見ました。ある文章の中で行なわれている推論が、よい推論なのか、それともよくない推論なのかを「評価する」というクリティカル・シンキングの目的にとって、その推論がどのような構造をもっているかを正確に把握することは、必要不可欠です。なぜなら、それがどのような推論であるかは、構造によって決まるので、よい推論かよくない推論かは、構造が把握できて初めて問題にすることができるからです。構造を捉えそこなって「よくない推論だ」と評価したのでは、意味のないことになってしまいます。そこでこの章では、推論の構造を正確に捉え、それを図によって表現することを目指します。そのような図を、「推論の構造図」と呼びましょう。数学的な論理学においても、「証明」を、「証明図」とか「タブロー」と呼ばれる図によって表現することが、広く行なわれています。一般に論理的な構造は、ことばで説明するよりも、図で表現する方がはるかにわかりやすく、全体を一挙に捉えることができ、しかも細部まで正確に表現することができるのです。
最も単純な推論は、一つの理由だけから、結論を導くものです。

雨が降ってきた。洗濯物を取り込まないといけない。

前章で見たように、この文章は、理由表示語や結論表示語を含んでいませんが、第1文を理由として第2文を結論付けている推論、と読むことができます。そのような推論を

①
↓
②

という「構造図」で表現することにしましょう。①と②は、第1文と第2文を表わし、下向き矢印は、上から下への推論を意味します。前章の胃カメラの例文のところでは、推論を横向きの「⇒」で表わしましたが（51〜52ページ）、それは、「ありえない」文構造（条件文の後件の中での推論）を表現するためでした。今後は、推論は必ず上から下への矢印で表わすことにします。

次に単純な推論は、二つの理由をもつ推論です。（最終結論は、必ず一つ――「AかつB」

なども一つと数えて——です。）そしてそうなると、二つの異なる形がありえます。次の二つの推論を較べてみてください。

毎日ジョギングをしている人は、体重が減るはずだ。だけど、大輔は全然体重が減っていない。だから、大輔は毎日ジョギングをしてはいない。

毎日ジョギングをしている人は、脚の筋肉が強くなる。また、毎日ジョギングをしている人は、心肺機能も強化される。だから、毎日ジョギングをすることは、体によい。

どちらの推論も、第1文と第2文が理由であり、それら二つの理由から、第3文を結論として引き出しています。しかし、これら二つの推論では、二つの理由の働き方が異なります。一つ目の推論では、二つの理由が両方とも真であることによって、初めて結論が支持されます。もし「毎日ジョギングをしている人は、体重が減るはずだ」ということが真であったとしても、大輔の体重が減っていたならば、「大輔は毎日ジョギングをしてはいない」という結論は、まったく出せません。逆に、「大輔は全然体重が減っていない」ということが真であったとしても、「毎日ジョギングをしている人は、体重が減るはずだ」

ということが偽であるとしたら、つまり、いくら毎日ジョギングをしても、体重が減らない人もいるのだとしたら、やはりその結論は出てきません。しかし、もし両方の理由が真であれば、その結論は論理必然的に真となります。このように、二つ（三つ、四つ、……の場合もあります）の理由が両方とも（すべて）真であることによって初めて結論を支持する、ということは、二つ（すべて）の理由を考え合わせると、結論が出てくる、ということです。このような仕方で働く理由を、「組み合わせ」の理由と呼び、そのような理由をもつ一つ目の推論は、次のような構造図で表現することにします。

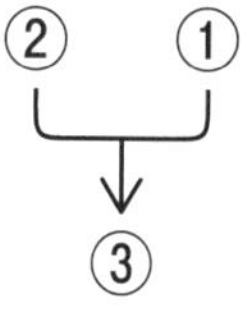


この図の意図は、二つの理由を「合わせる」ことによって、結論を導く、ということです。三つ以上の理由が「組み合わせ」で働くときには、次のように、組み合わせる理由を横につなぎます（すべてを「合わせ」ます）。

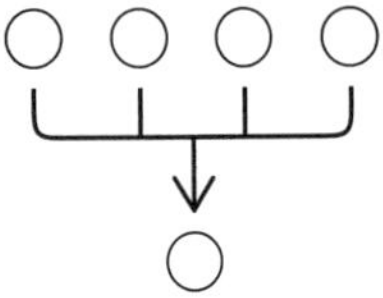

論理学において最も典型的な推論の仕方である「モードゥス・ポネンス」（modus ponens. 肯定式）、すなわち、「AならばB」とAという二つの言明を理由としてBを結論とする推論や、「モードゥス・トレンス」（modus tollens. 否定式）、すなわち、「AならばB」と「Bでない」を理由として「Aでない」を結論とする推論は、「組み合わせ」の理由をもつ推論の代表的な例です。これらの推論が論理必然的に正しい推論であることを、自分で確認してみてください。

さて、前の例文に戻って、二つ目の推論では、二つの理由それぞれが、単独でも結論を支持する、と考えられます。この推論では、「毎日ジョギングをすることは、体によい」という結論を出していますが、第1文で挙げられた「脚の筋肉が強くなる」ということだけでも、「体によい」と言えるでしょうし、第2文の「心肺機能が強化される」ということだけでも、やはり「体によい」と言えるでしょう。結論を支持する理由が二つ（あるいはそれ以上）あれば、一つしかない場合よりも説得力が増します。このように、それぞれ単独でも結論を支持するという仕方で働く複数の理由を、「独立」の理由と呼ぶことにします。「独立」の理由とは、一つの結論に対して、「こういう理由もある、ああいう理由もある……」と、列挙する形の理由です。いくつかの理由が「独立」で働くような文章では、同じ結論をもつ複数（独立な理由の数だけ）の推論が行なわれている、と考えることもできます。先の二つ目の例文の構造図は、

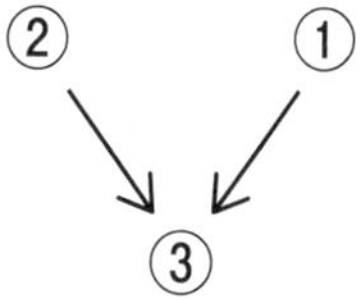


と描くことにします。この図では、二つの理由を「合わせる」ことなく、それぞれ「独立」に、結論を導いています。三つ以上の独立な理由があるときは、組み合わせの場合と

同様、

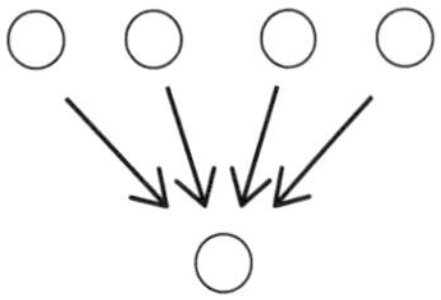

と、横に理由を並べます。

組み合わせの場合の構造図では、矢印の先端が一つだったのに対して、独立の場合には、矢印の先端は独立な理由の数だけ現われます。その理由は、組み合わせは全部「考え合わせて」一つの推論であるのに対して、複数の独立な理由をもつ推論では、先ほど述べたように、同じ結論をもつ、独立な理由の数だけの推論が行なわれている、と考えられるからです。

ここで、存在根拠を与える推論における「独立」の理由について、少し補足しておきます。存在根拠を与える推論は、結論に述べられている事態が生じる「生成の道筋」を示すものです。そして、ある事態が生じる「生成の道筋」が、いくつかの言明を組み合わせることによって描かれることは、よくあります。例えば、「日食」という事態が生じる生成の道筋は、太陽の状態についての言明、地球の状態についての言明、月の状態についての言明と、さらに「物理法則」という一般的な言明を、すべて組み合わせることによって描かれます。また、化学工場の爆発事故は、「ある容器に薬品Aが入っていた」、「そこに薬品Bが混入した」、「さらに熱が加わった」といったいくつかの言明を組み合わせて、生成の道筋を描けるかもしれません。こういう場合、日食や爆発という事実の「説明」としての「存在根拠を与える推論」は、いくつかの理由の「組み合わせ」を含む推論となるでしょう。

では、（説明、あるいは予測としての）存在根拠を与える推論が、「独立」の理由を含むことは、ありうるでしょうか？　もしあるとしたら、それは、一つの事態に対して、独立の二つ（以上）の生成の道筋がある、ということです。例えば、もともとは貧しかったある起業家が大成功を収め、起業したいくつかの事業がすべて成功して、「裕福になった」としましょう。それぞれ一つの事業だけでも十分に「裕福」と言える収入を得られたのであれば、その人の「裕福さ」の生成の道筋は、独立に複数あると言ってよいでしょう。このような「独立の複数の生成の道筋」があるとき、存在根拠を与える推論に、「独立」の理由が含まれることになります。

**練習問題2－1**　以下の推論において、複数の理由が「組み合わせ」で働いているのか、それとも「独立」に働いているのかを、答えなさい。

（1）事故原因は、徹の居眠り運転であろう。現場の交差点は見通しがよいのに、徹の車は赤信号に突っ込んだのだ。

（2）エスカレーターを駆け降りるのは、非常に危険だ。足を踏みはずすと、思わぬけがをすることがあるし、エスカレーターが緊急停止したときには、転げ落ちる可能性もある。

（3）資本主義経済は、やがて限界を迎えるであろう。資本主義という経済システムは、経済が「成長」してゆくことを前提としたシステムである。しかし、生産や消費が永遠に増え続けてゆくことは、不可能なのだ。（練習問題1－2（5）を少し簡略化）

独立の理由と組み合わせの理由が、複合的に現われる場合もあります。例えば、四つの文からなる推論で、第1文から第3文までが、それぞれ一つずつ、合計三つの理由を提示しており、第4文が結論だとしましょう。三つの理由①〜③のうち、①と②は組み合わされて、③は単独で、独立な二つの理由を与える、というような場合が考えられます。その構造図は、次のようになります。

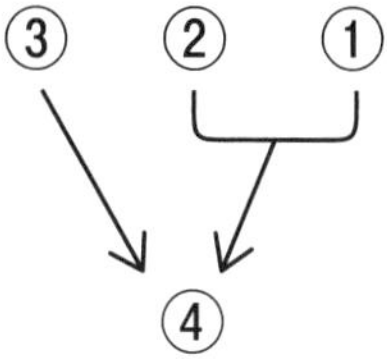


次の推論が、この構造をもっています。（今後は次のように、例文の各文頭に文の番号を付けることにします。）

①あの日、幸恵の近辺で目撃されていたのは、五郎と久子の二人だけだ。②しかし久子には、首を絞めて人を殺すほどの力はない。③それに五郎は、幸恵に振られた恨みがあった。④だからおそらく、幸恵の首を絞めて殺したのは五郎だろう。

①と②を組み合わせる（考え合わせる）と、あの日幸恵の近辺で目撃されていた容疑者としては、五郎だけが残ります。しかし①と②だけでは、「犯人は五郎だ」と断定するには、少し証拠が足りないでしょう。なぜなら、「目撃」されずに幸恵に近付いた人物が、他にいたかもしれないからです。そこで③は、「幸恵に振られた恨み」という別の（独立な）要因を付け加えて、「五郎犯人説」を補強しているわけです。

## †文と主張

本章ではこれまで、推論の構造図に入る項目（矢印でつなげられるもの）は①、②、③、……という文の番号だけでした。しかし、前章でも少し触れたように、一つの文の中で、複数のことが主張されたり、さらには推論が行なわれたりすることがあります。前章で取り上げた胃カメラの例文の第1文を、もう一度取り上げましょう。（前件は短縮形にします。）

消化器検査をバリウムから胃カメラへと変更すれば、単なる胃の「シルエット」だけでなく、胃の表面を鮮明に見ることができるので、がんの早期発見が容易になる。

この一つの文の中では、前章で記号を使って示したように（条件文の省略された前件を補足すると）、

消化器検査をバリウムから胃カメラへと変更すれば、単なる胃の「シルエット」だけでなく、胃の表面を鮮明に見ることができる。

という理由から、

消化器検査をバリウムから胃カメラへと変更すれば、がんの早期発見が容易になる。

という結論への推論が行なわれています。しかし、この推論の構造図を、文の番号だけを使って描くことはできません。「文」は一つしかないからです。

また、幸恵絞殺事件の例文を少し変えて、

①あの日、幸恵の近辺で目撃されていたのは、五郎と久子の二人だけだが、しかし久

子には、首を絞めて人を殺すほどの力はない。②だからおそらく、幸恵の首を絞めて殺したのは五郎だろう。

としてみましょう。変更点は、元の①と②をつないで一つの文にしたこと、そして、五郎を疑う第2の理由をはずしたことです。その結果、この文章は二つの文からなり、そのうちの①が理由を述べていて、②が結論を述べている、と言ってよいでしょう。この例文を、「簡略化幸恵事件」と呼ぶことにします。ではその構造図は、

①
↓
②

でよいでしょうか？　①には、元の例文の二つの文で述べられていた二つの理由が含まれ、それらが組み合わされて、結論②が導かれています。しかしこの構造図では、この推論のそのような「構造」が表現されていません。推論の構造を形作る単位は、（「。」で区切られるものとしての）「文」ではなく、（一つの「文」の中にも複数現われうる）「主張」なのです。幸恵事件の元の例文で、①と②をこの改変例のようにつないでも（そしてそれ以上の改変をしないならば）、それによって推論の構造は何も変わりません。文をどこで切るかは、読

みやすさなどを考慮して、かなり便宜的に決められます。しかし、文をどのように切ろうと、一つの文章全体の中にいくつの主張が含まれているかは、変わらないのです。（ここで「文章」とは、英語の"passage"にあたり、一つあるいは複数の文（sentences）で作られた、ひとまとまりの集まりのことです。）

さて、一つの文の中に複数の主張（assertions）が含まれている場合、文の番号（①、②、……）に「枝番号」を付けて、一つ一つの主張を示すことにします。「枝番号」とは、文番号の後に付けるハイフンと数字です。紛れを防ぐために、〇の付いた数字は、文番号だけに使うことにしましょう。「簡略化幸恵事件」の場合、①に二つの主張が含まれているので、①に枝番号を付けて、それらの主張を区別します。

①-1：あの日、幸恵の近辺で目撃されていたのは、五郎と久子の二人だけだ。
①-2：久子には、首を絞めて人を殺すほどの力はない。

そして②は、結論である一つの主張を含むだけなので、前と同じく

②：だからおそらく、幸恵の首を絞めて殺したのは五郎だろう。

です。すると、「簡略化幸恵事件」の構造図は、

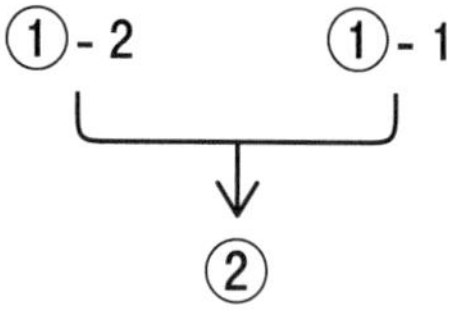


となります。これで、二つの理由が組み合わされている、という構造が表現されました。文番号やそれに枝番号を付けた符号がどのような主張を指すのかを、このように明示するとき、その主張の部分の先頭や末尾に付いている接続詞、理由表示語、結論表示語などは、省略しても構いません。しかし、次の①-2のように、条件文の省略された前件は、必ず補足し、それが条件文の主張であることを明確にすることは、重要です。胃カメラの例文の①についても、そこに含まれる二つの主張を、枝番号を使って次のように特定することができます。

①-1：消化器検査をバリウムから胃カメラへと変更すれば、単なる胃の「シルエット」だけでなく、胃の表面を鮮明に見ることができる。

①-2：消化器検査をバリウムから胃カメラへと変更すれば、がんの早期発見が容易になる。

これを使った胃カメラ例文の構造図は、後で考えることにします。

簡略化幸恵事件の例文では、①-1と①-2は、第1文の前半と後半ほぼそのままですが、胃カメラの例文では、省略された前件の補足があって、①-2は「後半ほぼそのまま」ではありません。前半と後半ほぼそのまま（あるいは、初めの部分、2番目の部分、3番目の部分……などほぼそのまま）の場合には、①-1や①-2などがどのような主張なのかは明らかなので、いまの胃カメラ例文の①-1と①-2のような説明を加える必要は、ないでしょう。しかし、前件の補足などが必要なために、どのような主張なのかがあまり明らかでない場合には、構造図の後に、いまのような説明を加えるのがよいでしょう。そしてさらに、一つの文の中に複数の主張が含まれていることは確かなのだが、それらがどのような主張であるのかをはっきりさせることが少し難しい、といった場合もあります。

次の推論を考えてみましょう。

①電車の中で携帯電話で通話することは、隣の人とおしゃべりすることと較べて、通話相手の声がまわりには聞こえないので、その分だけ、まわりの人への迷惑が少ないだろう。②だから、電車の中での隣の人とのおしゃべりを禁止しないのに、携帯通話を禁止するのはおかしい。

この推論は二つの文からできていて、「だから」という結論表示語で始まる第2文（これは一つの主張と見てよいでしょう）が結論です。そして第1文にも、「……聞こえないので」という理由表示語があり、第1文の中でも推論が行なわれています。その推論の「理由」を①-1、「結論」を①-2としましょう。では、①-1と①-2は、それぞれどのような主張でしょうか？

まずは単純に、「ので」の前までを①-1、「ので」の後を①-2としてみましょう。

①-1：電車の中で携帯電話で通話することは、隣の人とおしゃべりすることと較べて、通話相手の声がまわりには聞こえない。

①－２：その分だけ、まわりの人への迷惑が少ないだろう。

これだと、①－１も①－２も、何か奇妙です。①－２は、単独では何のことだかさっぱりわかりません。①－１にも、日本語として不自然なことが二つあると思います。一つは、文頭の「電車の中で携帯電話で通話することは」を受ける述語がないこと、もう一つは、「隣の人とおしゃべりすることと較べて」の後に、「……と較べて」どうなのかが述べられていないことです。たしかに日本語では、「……通話することは、……通話相手の声が……」のように、「は」と「が」を含んでいて、「……は」を受ける述語がないように見える例として、有名な「象は鼻が長い」があります。しかし、「象は鼻が長い」は極めて自然な日本語の文であるのに対して、上の①－１は、あまり自然な日本語の文ではありません。初めの部分はむしろ「……通話するときには」とでも変更した方がよいでしょう。「……通話することは」となっていたのは、「ので」をまたいで「まわりの人への迷惑が少ないだろう」につなげるためです。推論の構造を捉えたい者としては、理由と結論が、「ので」をはさんで前と後にきれいに分かれていてくれるとありがたいのですが、残念ながらいつもそうなっているわけではありません。日本語は語順がかなり自由なので、「ので」できっぱりと分かれないことが、よくあるのです。

さて、いま述べたように「ので」をまたいで二つの部分をつなげると、①－1ではなく①－2の一部として

電車の中で携帯電話で通話することは、まわりの人への迷惑が少ないだろう。

という文になり、「象は鼻が長い」と同じくらい自然な日本語になったのではないでしょうか？　しかしまだ、「まわりの人への迷惑が少ない」と言っても、何より「少ない」のかを言わないと、何のことだかわからない気がします。そしてそれが、①－1の二つ目の不自然さとつながるのです。二つ目の不自然さは、「隣の人とおしゃべりすることと較べて」が、奇妙に見えることでした。そしてそれこそが、①－2の、何より少ないのかを述べていた、つまり、「隣の人とおしゃべりすることと較べて」という部分も、①－1ではなく（そこでは「奇妙」）、「ので」をまたいで①－2に属する表現だったのです。初めの形では何のことだかさっぱりわからなかった①－2も、これでだいぶ内容が出てきました。理由である①－1は、「……と較べて」を削除して、

①－1：電車の中で携帯電話で通話するときには、通話相手の声がまわりには聞こえ

ない。

となり、結論である①-2は、（「その分だけ」の内容を明示すれば、）

①-2：電車の中で携帯電話で通話することは、隣の人とおしゃべりすることと較べて、その（つまり、通話相手の声がまわりには聞こえない）分だけ、まわりの人への迷惑が少ないだろう。

となります。そしてこれが、文章全体の結論

②：電車の中での隣の人とのおしゃべりを禁止しないのに、携帯通話を禁止するのはおかしい。

の理由となっています。

だいぶ長い話になってしまいましたが、この文章の第1文のように、「ので」という理由表示語の前と後に分かれている文でも、前の部分をそのまま理由、後の部分をそのまま

結論と考えることができず、表現の変更や入れ替えをしなければならない場合もあるので、注意しなければなりません。

さて、この推論のもう一つの特徴は、上から下へと二つのステップをたどる推論だ、ということです。その構造図は、次のようになります。もう一度元の例文を読んで、このような構造の推論が行なわれていることを、確認してください。

①-1
↓
①-2
↓
②

## †基本理由、中間結論、最終結論

いまの推論で、①-2は①-1からの結論ですが、そこからさらに②が結論として導かれているので、①-2は「中間結論」、②は「最終結論」です。中間結論は構造図の中で、必ず上にも下にも矢印（「組み合わせ」の変形矢印も含めて）が付きます。逆に、構造図の中で上にも下にも矢印が付いている主張は、必ず中間結論です。もっとステップの多い推論には、たくさんの中間結論が入ります。もうその下には矢印がない主張は、最終結論です。また、①-2は②の理由ですが、①-1からの結論でもあります。それに対して①-

1は、①-2の理由であるだけで、何かからの結論ではありません。このように、何かからの結論ではないような理由（「出発点」としての理由）を、「基本理由」と呼ぶことにします。構造図の中で、もうその上には矢印がない主張が（複数あればそのすべてが）「基本理由」です。

**練習問題2-2**　第1章に出てきた次の文章で行なわれている推論の、構造図を描きなさい。その上で、推論の中のそれぞれの「主張」が、「基本理由」、「中間結論」、および「最終結論」のいずれであるかを、確認しなさい。ヒント：この文章についての解説（39〜42および56〜58ページ）が、参考になります。

①認知症を予防するためには、1日に20分ほど早歩きをするのがよい。②そうすると脳の血流がよくなり、脳が活性化して認知症になりにくくなるのだ。

ここで、「胃カメラ例文」の構造図を考えてみることにしましょう。胃カメラ例文を、短縮形でもう一度示します。

①消化器検査をバリウムから胃カメラへと変更すれば、単なる胃の「シルエット」だけでなく、胃の表面を鮮明に見ることができるので、がんの早期発見が容易になる。②しかも、バリウムの場合に受けるかなり多量のX線照射を受けないで済む。③したがって、健康上得るところが大きい。

まず、すべての「主張」を取り出しましょう。条件文の、省略された前件を補足したところには、傍線を付けておきます。

①-1：消化器検査をバリウムから胃カメラへと変更すれば、単なる胃の「シルエット」だけでなく、胃の表面を鮮明に見ることができる。

①-2：消化器検査をバリウムから胃カメラへと変更すれば、がんの早期発見が容易になる。

②：消化器検査をバリウムから胃カメラへと変更すれば、バリウムの場合に受けるかなり多量のX線照射を受けないで済む。

③：消化器検査をバリウムから胃カメラへと変更すれば、健康上得るところが大きい。

傍線部が三つ現われました。この例文全体では、3箇所で条件文の前件が省略されています。右に再掲したこの例文の中に、省略された前件をすべて補足して、読んでみてください。前に述べたように（66ページ）、それはいかにもまどろっこしくて、冗長な文章だと感じるでしょう。

前章でも確認したように、①では、①-1から①-2へと推論されています。そして①-2は、最終結論③を支持する一つの理由となっています。そして②も、③を支持するもう一つの理由です。では、①-2と②は③を、「組み合わせ」の理由として支持しているのでしょうか、それとも「独立」の理由として支持しているのでしょうか？　①-2と②はその内容から見て、バリウムから胃カメラに変えることの、健康上の二つのメリットを「列挙」している、と言ってよいでしょう。そこで、これらは「独立」の理由だと考えるのが自然だと思います。しかし、次のような疑問をもつ人がいるかもしれません。

> 「独立」の理由とは、一つ一つが単独で結論を支持するような理由だ。しかし、結論③の「健康上得るところが大きい」というのは、一つ一つの理由単独でも言えることだろうか？　むしろ、二つのメリットがあって初めて言えることのような感じがするので、「独立」ではなく「組み合わせ」と取った方がよいのではないか？　……

実はこのあたりには、解釈の幅があります。このような考えももっともなので、「組み合わせ」もまた正解と言ってよいでしょう。反対に、「がんの早期発見が容易になるなら、それだけで大きなメリットだし、かなり多量のX線照射を受けないで済むことだけでも、がんの危険性が下がるだろうから、やはり大きなメリットだ」と考える人は、「独立」でよいと思うでしょう。自然言語の文章には、どうしてもある種の曖昧さが避けられないので、微妙なところでは、「正しい構造図」がただ一つに決まるわけではありません。次のどちらの構造図も、「正解」とします。

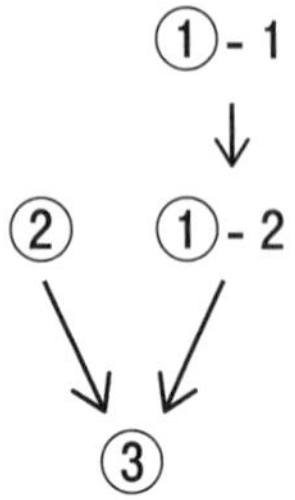


「独立」の場合

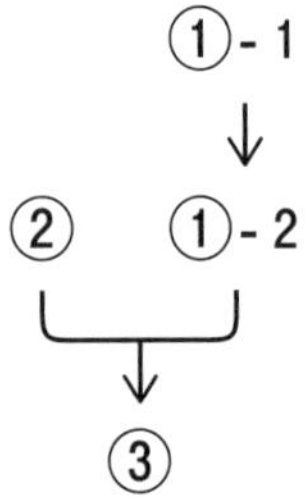


「組み合わせ」の場合

ただしここには、非対称性があります。「絶対に独立と考えなければならない」と言うべき理由はあまりないのですが、「絶対に組み合わせと考えなければならない」と言うべき強い理由がある場合があります。例えば、前に挙げたモードゥス・ポネンスとかモードゥス・トレンスといった推論（74ページ）では、決して「独立」の理由と考えることはできません。この点は注意しておきましょう。

そしてまた、「組み合わせ」の理由の場合には、一つの理由が単独では結論を支持しないというだけでなく、同じ主張が、正反対の結論を支持するための理由になることもある、という点に触れておきましょう。次の二つの推論を見てください。あらかじめ付言しておくと、古代ローマの思想家、政治家であったキケロは、「トゥリウス」という名前（これは彼のミドルネームです）で呼ばれることもありました。

①キケロは優れた思想家である。②そして、キケロとトゥリウスとは同一人物である。
③したがって、トゥリウスは優れた思想家である。

①キケロは優れた思想家ではない。②そして、キケロとトゥリウスとは同一人物である。③したがって、トゥリウスは優れた思想家ではない。

これらはどちらも、①と②を組み合わせて、結論③を支持する理由とする推論、つまり、次のような構造図をもつ推論です。

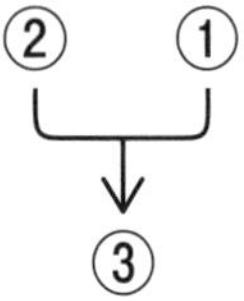


そして、結論である③は、同じ人物について、一方は「優れた思想家である」と言い、他方は「優れた思想家ではない」と、正反対のことを言っています。それなのに、それら正反対の結論を支持する「理由」の一つである②「キケロとトゥリウスとは同一人物である」は、共通なのです。独立の理由は、単独で結論を支持するので、互いに正反対の二つの結論を同じ理由が支持することは、ありえません。しかし組み合わせの場合には、他のどのような理由と組み合わされるかによって、正反対の、あるいはまるで違った結論を支持することが、ありうるのです。

もう一つ、少し厄介な事情に触れておかなければなりません。それは、理由表示語や結論表示語の、少し変則的な使い方についてです。

「簡略化幸恵事件」（81～82ページ）を少し改変した、次の例文を見てください。

①あの日、幸恵の近辺で目撃されていたのは、五郎と久子の二人だけだ。②だからおそらく、幸恵の首を絞めて殺したのは五郎だろう。③なぜなら、久子には首を絞めて人を殺すほどの力はないからだ。

②が「だから」と始まっているので、②は①からの結論だと思って読むのですが、①だけからでは、②は導けないように思えます。「あれ？」と思って③を見ると、③は「なぜなら」と始まって、そこに②を導くためのもう一つの理由が出てきて、①と③を組み合わせれば、②を導くことが自然な推論になるのです。「だから」とか「したがって」という結論表示語の後に結論が述べられる場合、その前までにすべての理由が提示されているのが、普通でしょう。しかしこのように、後から（忘れていた？）理由が追加されることが、ときどきあるのです。構造図は、自分で描いてみましょう。推論の実質的な構造は、元の「簡略化幸恵事件」と同じです。

また、いまの例文と同じ形の文章でも、次のように、推論の構造が少し違うこともあります。

①凶器のナイフは、裏の竹やぶの中から発見された。②だから、犯人が次郎であることは間違いない。③なぜなら、次郎の供述通りの場所で、凶器が発見されたからだ。

この文章は、その前の「改変簡略化幸恵事件」と同じように、①の次に結論表示語「だから」で始まる②があり、その後に理由表示語「なぜなら」で始まる③が来る、という形です。「文章の構造」は、同じなのです。しかし、「推論の構造」は違います。私の経験では、このような推論の中での①と③との関係について、わからなくなってしまう人が結構多くいます。落ち着いて考えてみましょう。

もし推論の構造も、「改変簡略化……」と同じだとすると、①と③を組み合わせて、②を導くことになります。しかし、もし③が理由に入っているのであれば、それだけで（つまり①を組み合わせなくても）、②を導けるのではありませんか？　容疑者の「供述通り」の場所で、凶器や被害者の遺体が発見されたことは、その容疑者が犯人であることの、非常に有力な証拠と考えられます。（発見場所を既に知っている捜査官による、供述の誘導があると、「冤罪」の危険が高くなります。）では、①は何のためにあるのでしょう？　①を受けて②が「だから」と始まっている以上、①は、最終結論②に対して、何らかの形で支持を与えているはずです。そして、③は単独で②を支持します。すると①の役割は、③の理由を与えている、と考える以外にないでしょう。③は、①から②へと到る推論の、「中間結論」なのです。表立って述べられていませんが、次郎は、「凶器のナイフは裏の竹やぶに捨てた」というような供述を、していたのです。（このことは、この推論の「暗黙の前提」となっています。「暗黙の前提」については、本章の128ページ以後で、主題的に取り上げます。）これも、構造図は自分で描いてみましょう。

この例文では、②が①を受けて「だから」と始まっているのに、②は直前の①から直接導かれる結論ではありません。理由表示語や結論表示語の、このような「変則的」な使い方は、日常的にしばしば出てくるので、頭の片隅に入れておいてください。

## 2・2 構造把握のレベルアップ

推論の基本的な構造を理解し、構造図を描く練習もかなりしてきたので、このあたりでもう一歩先へと進むことにしましょう。

### †複雑な推論の構造図

まず、これまでよりもさらにもう少し複雑な推論を、見てみることにします。

①肉を買うときには、いわゆる「切り落とし」を買うのがよい。②第1に、それ以上切る必要がない。③第2に、「切り落とし」は肉の形を整えるために切り落とされた副産物なので、たいてい値段が安い。④そして第3に、形を整えるような肉は、たいてい上等な肉なので、おいしい可能性が高いのだ。

まずは自分で構造図を考えてください。自分で考える前に解説を読んでしまうのと、よく考えて、自分なりの答えを出してから解説を読むのとでは、身に付くものに雲泥の差があります。「よく考えてみたけれど、よくわからなかった」という場合でも、先に自分で考えたことの効果は、非常に大きいと思います。（多少「お説教」めいて恐縮ですが）音楽とかスポーツなどをやっている人は、骨身にしみておわかりのように、何であれ「力をつける」ためには、努力するしかありません。しかし、ただ「努力しろ、努力しろ」と言われても、何をどう努力したらよいのかわかりません。そこで、努力する機会をうまく作ることが重要です。私は少し前まで「教育」をやっていましたが、教育とは、生徒や学生に力を付けさせることです。だから私は、教育とは、努力する機会を与えることだと考えてやってきました。自己教育でも同じです。本気で論理的思考力を身に付けたいとお考えの読者は、努力を惜しまないでください。（お説教終わり。）

さて、右の推論では、冒頭に結論が述べられています。そしてその後に、三つの理由が「列挙」されています。そして、第2、第3の理由には、さらに理由の理由が与えられています。というわけで、その構造図は次のようになりそうです。（しかし、後で少し訂正します。）

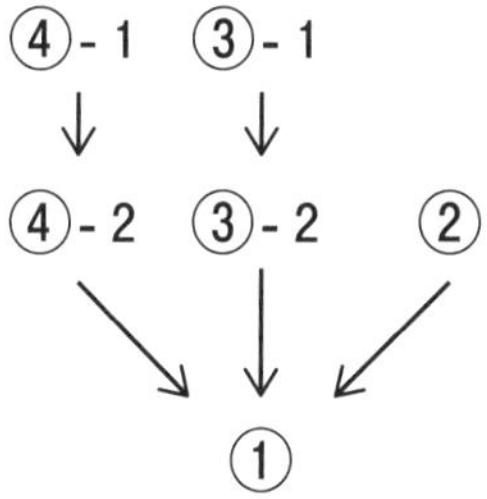


ただ、ここでも、前に述べた「前件省略」と同じようなことが、起こっています。例えば②には、それが何についての話なのか、明記されていませんが、明らかに「切り落とし」についてでしょう。③の中で行なわれている推論の結論である③-2ももちろん、

③-2：切り落としはたいてい値段が安い。

となります。そして、厳密に考えると少々問題なのが、④のところです。その真ん中のあたりに「たいてい上等な肉なので」という理由表示語があるので、前半から後半へと推論が行なわれている、と読みました。それはよいのですが、では④-2はどのような主張でしょうか？ ④は、「形を整えるような肉は」と始まっており、この文全体として、「形を整えるような肉」について語られている、と考えるべきでしょう。したがって④-2は、

④-2：形を整えるような肉は、おいしい可能性が高い。

という主張となります。しかしそうすると、そのままでは結論の「「切り落とし」を買うのがよい」を支持する理由にはなりません。では、どうしたらよいでしょう？（ここも、まずは自分で考えてみてください。）そうです。ここでもう一度、③-1「「切り落とし」は肉の形を整えるために切り落とされた副産物である」を使うのです。③-1と④-2を組み合わせる、つまり、「「切り落とし」は肉の形を整えるために切り落とされた副産物であ

る」と「形を整えるような肉は、おいしい可能性が高い」とを考え合わせれば、「「切り落とし」は、おいしい可能性が高い」と言えるでしょう。これで、結論①を支持する理由になりました。正しい構造図は、次のようになります。

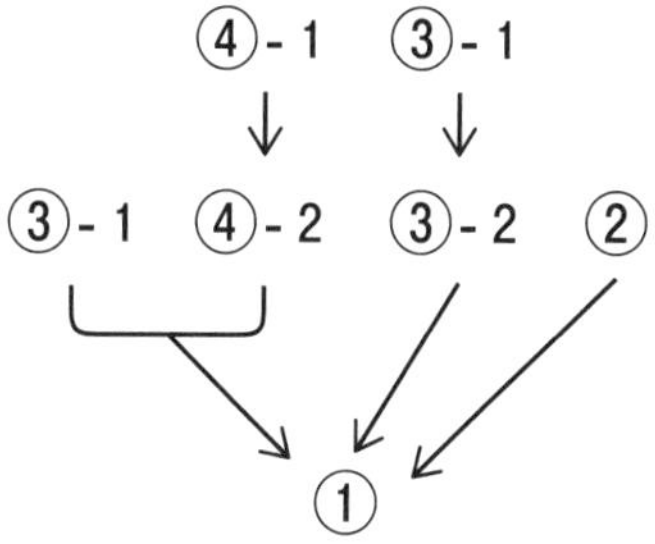


ここには③-1が2回現われていますが、そのことに特に問題はありません。数学的な記号論理学においても、証明の中で同じ命題が複数回使われることは、よくあります。③-1は、この文章の中で正しい命題として主張されているのですから、何回使っても構わ

ないのです。この例文を普通に（つまり、構造図など考えずに）読んで、④を①の理由として「なるほど」と納得した人は、③－1の情報を（無意識のうちでも）利用したはずです。

実際の例文には現われていませんが、③－1と④－2の組み合わせからの（中間）結論として、先ほど触れた

A：「切り落とし」は、おいしい可能性が高い。

を構造図の中に付け加えると、一層わかりやすくなるかもしれません。このように、「述べられていない中間結論」を構造図に付け加えるときには、［ ］で囲み、それによって「実際には文章の中に書かれていない」ことを表示することにします。後で取り上げる「暗黙の前提」もまた、「実際には文章の中に書かれていない」ので、同じように［ ］で囲んで構造図に組み込むことになります。述べられていない中間結論Aを組み込んだ構造図は、次のようになります。

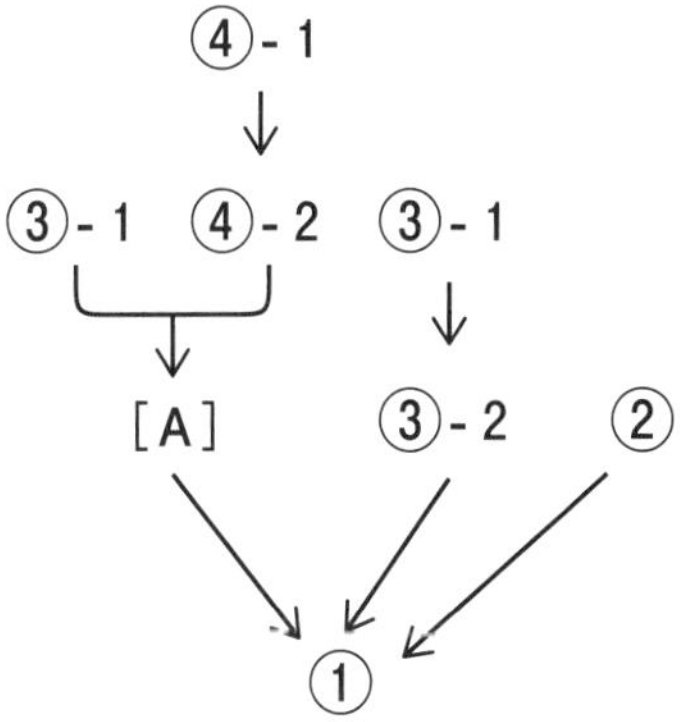


ただし、A：「切り落とし」は、おいしい可能性が高い。

さて、もうひとがんばりして、さらに一段階複雑な例を、考えてみましょう。

①社会が物質的に豊かになればなるほど、人々の忍耐力は低下するであろう。②社会が物質的に貧しい時代には、小さな子供の際限のない欲求を、親がすべて満たしてやることは不可能なので、子供は必然的に、がまんする経験を積むことになる。③しかし社会が豊かになれば、親は、うるさくせがむ子供をがまんさせるよりも、ほしがる

ものを何でも与える方が楽なので、そして豊かさのゆえに与えることができるので、ついつい与えてしまうことになる。④したがって子供は、がまんの訓練をする機会がなくなるのだ。

この推論の構造図は、是非がんばって、自分で考えてみてください。少しヒントを書いておきますが、「いや、私はヒントなどいらない！」という人は、読まずに考えましょう。最終結論が①であることは、かなりはっきりしています。そしてそれは、貧しさから豊かさへの変化に関する主張であり、その結論を支持するために、②では貧しい時代について、③と④では豊かな時代について、語られています。②と③には、それぞれの文の中に推論が含まれており、それぞれの推論の「理由」が何であり、「結論」が何であるかをはっきりさせるためには、省略部分の補足や書き換えが必要です。（特に、③は複雑です。）「ヒント」はこれくらいにしておきます。まずは、以下の解説を読まずに考えてみてください。

②の中で行なわれている推論では、「……なので」が理由表示語であり、その前が理由、後が結論です。ただし、「社会が物質的に貧しい時代には」という時代の限定は、前半の理由の部分だけでなく、後半の結論部にもかかっていると、読まなければなりません。そ

こで、②－1（理由）と②－2（結論）は、次のようになります。

②－1：社会が物質的に貧しい時代には、小さな子供の際限のない欲求を、親がすべて満たしてやることは不可能である。

②－2：社会が物質的に貧しい時代には、子供は必然的に、がまんする経験を積むことになる。

次に③ですが、そこには、「……楽なので」、「……できるので」と、理由表示語の「ので」が二つあります。そこで、二つの理由③－1と③－2から、結論③－3を導く推論が行なわれている、と考えられます。そして、次の点に気を付けなければなりません。③は全体として、豊かな時代の話をしているのですが、しかし一つ目の理由（③－1）、「親は、うるさくせがむ子供をがまんさせるよりも、ほしがるものを何でも与える方が楽だ」というのは、豊かな時代だけでなく、いつの時代にも言える一般的なことと理解するのが、自然だろうということです。そこで、「社会が豊かになれば」という時代の限定は、③－2と③－3にかかるものと、考えることにします。そして、それぞれの主張がそれだけで理解できるように、補足・修正を施すと、細かい点には自由度がありますが、だいたいのと

ころ、

③－1（理由1）：親は、うるさくせがむ子供をがまんさせるよりも、ほしがるものを何でも与える方が楽だ。

③－2（理由2）：社会が豊かになれば、親は、豊かさのゆえに、子供がほしがるものを何でも与えることができる。

③－3（結論）：社会が豊かになれば、親は、子供がほしがるものを、ついつい何でも与えてしまうことになる。

というようなことになるでしょう。③－2の「豊かさのゆえに」の「ゆえに」は理由表示語で、ここではさらに推論が行なわれているのではないか、と考えた読者もおられるかもしれません。たしかに、「豊かさのゆえに」は、「豊かであるので」ということなので、厳密に言えばここでも推論が行なわれている、と考えるべきでしょう。しかし、その「推論」における「理由」となるのは、「社会が豊かになれば、豊かである」という主張です。これはいわゆる「同語反復」であり、内容が空虚なので、ここでは、それを理由として「したがって、社会が豊かになれば……だ」という結論を出すことは、単に「社会が豊かになれば……だ」と主張することに等しい、と考えることにします。

では、この③の中での推論の二つの理由は、結論を導くために、「組み合わせ」で働くのでしょうか、それとも「独立」に働くのでしょうか？　これは、「組み合わせ」です。もしも理由1が真であっても、つまり「与える方が楽だ」としても、理由2が偽であれば、つまり、与えることが不可能であったならば、「ついつい与える」ことにはなりません。逆に、理由2が真であり、「与えることができる」としても、理由1が偽で、「与える方が楽だ」というわけではないのだとしたら、親には「与える動機」がないので、やはり「ついつい与える」と言うべき理由は、ないことになるでしょう。「動機」と「可能性」とが相俟《あいま》って、初めて「ついつい与えてしまうことになる」、という議論です。

そして、この推論の結論である③-3から、④が帰結するのですが、ここにも、「社会が豊かになれば」という時代の限定が必要です。

④：社会が豊かになれば、子供は、がまんの訓練をする機会がなくなる。

そして最終的には、貧しい時代についての結論である②-2と、豊かな時代についての結論である④とを、考え合わせる（「組み合わせ」の理由とする）ことによって、最終結論

①：社会が物質的に豊かになればなるほど、人々の忍耐力は低下するであろう。

が導き出されているのです。

以上により、この推論の構造図は次のようになります。

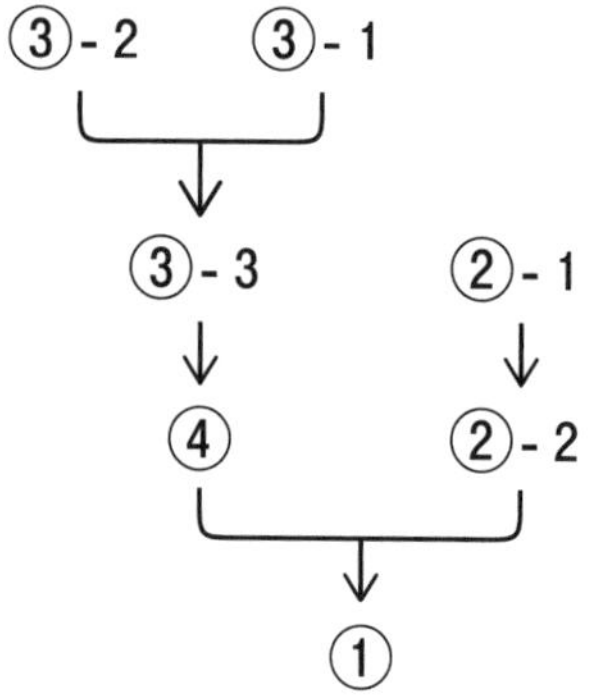


この文章は、練習問題2－5で、もう一度取り上げます。

## †2種類の推論の混在

だいぶ複雑な推論にも慣れてきたところで、「2種類の推論の混在」という問題に、触れておきましょう。第1章で、科学的な予測をする推論は、その多くが、認識根拠と存在根拠の両方を同時に与える推論だ、という話をしました（32ページ）。それが、「混在」の最も単純な形で、2種類の推論（認識根拠を与える推論と存在根拠を与える推論）が、完全に重なり合っている場合です。もっと一般的には、一つの推論のように見える文章の中で、2種類の推論が部分的に重なり合っている場合を、色々と考えることができます。例えば、全体として認識根拠を与える推論であるけれども、そのうちの一部分だけは、存在根拠を与える推論でもある、とか、主要な部分は存在根拠を与える「説明」として（だけ）の推論なのだが、その推論の一つの基本理由に対して、それが正しいことを論証するための認識根拠を与える推論が、補足的に付け加えられている、といった具合です。このような形の「混在」は、それほどよくあることではないと思いますが、しかし、それほどまれでもありません。

このような「混在」のあり方は、可能性としてはいくらでも複雑な場合を考えることができます。また、二つの理由が「独立」に結論を導いている推論のように見えるのだけれども、実は、一方の理由は認識根拠だけを、他方は存在根拠だけを与えている、といった場合も考えられるでしょう。（これは実際には、同じ結論に対して、一つの認識根拠を与える推論と、一つの存在根拠を与える推論とが、並べて与えられている、というだけのことです。）様々にありうる「混在」の中で、比較的単純な例を、いくつか見ておくことにしましょう。

①気圧計の数値が段々と下がってきた。②低気圧が近づいているのだ。③だから、間もなく雨が降り始めるだろう。

これは、第1章の似たような文章（34ページ）に、そこで「暗黙の経由地」と呼んだ②を追加したものです。全体としては、①の「証拠」から出発し、②を経由して、結論である③に到る、認識根拠を与える推論です。そして、②から③へのステップは、雨の生成の道筋（因果の道筋）を示す、存在根拠を与える推論でもありますが、しかし①から②へのステップは、第1章のその箇所でも指摘したように、雨の生成の道筋からははずれています。そこでこの文章は、全体は認識根拠を与える推論であり、そこに、存在根拠を与える推論が部分的に重なっている、と見ることができます。（左図参照）

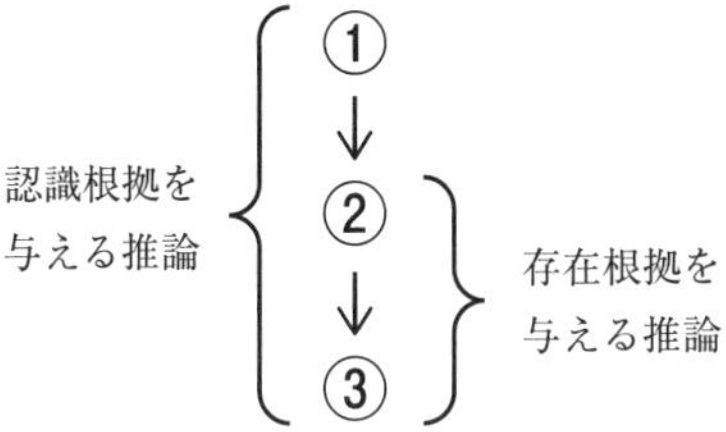


次は、主要な推論に、補足的な別種の推論が追加されている例です。このような場合、一見すると一つの推論が提示されているように見えるのですが、実際には一つの推論ではなく、種類の違う二つの推論が、「連結」しているのです。ここは、よく注意しないと見落とす可能性があるので、気を付けましょう。

①毎日ジョギングをしている人は、体重が減る。②なぜなら、ジョギングのような有酸素運動は、体脂肪を燃焼させるからだ。③しかし、大輔は全然体重が減っていない。④だから、大輔は毎日ジョギングをしてはいない。

これも、どこかで見たような文章ですが（72ページ）、追加した部分があります。この例文を全体として「一つの推論」と見たとき、その最終結論は、④の「大輔は毎日ジョギングをしてはいない」という主張です。そしてその結論は、③の「大輔は全然体重が減っていない」という「証拠」と、①の「毎日ジョギングをしている人は、体重が減る」という「一般的な事実」とを理由として、「論証」されている、と読むことができるでしょう。これが「主要な推論」であり、それは認識根拠を与える推論です。そしてさらに、理由（認識根拠）として挙げた①の一般的な事実がなぜ成り立つのかを、②の「ジョギングのような有酸素運動は、体脂肪を燃焼させるからだ」と、もう一つの一般的な事実によって「説明」しています。これが、存在根拠を与える「補足的」な推論です。

ここには一つではなく二つの推論があるので、構造図も二つ別々に描くべきだ、と言う人もいるかもしれませんが、この文章ではどのような推論が行なわれていて、二つの推論がどのように「連結」されているのかを示すために、ここでは構造図も「連結」して一つにまとめることにします。ただし次のように、どの部分が認識根拠を与える推論で、どの部分が存在根拠を与える推論かを、示すことにしましょう。一つにまとめた構造図を描いたときに、全体の最終結論につながっている部分が、「主要な推論」です。

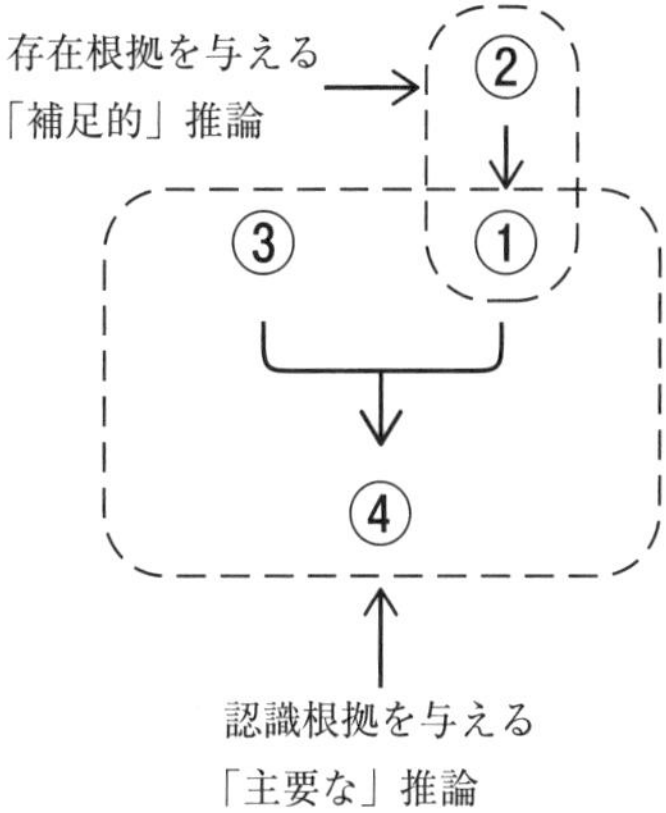

①は、補足的推論の「最終結論」であると同時に、主要な推論の「基本理由」でもあります。前に、構造図では、基本理由の上には矢印はなく、最終結論の下にも矢印はない、と言いましたが（90〜91ページ）、それは、このような「連結」した、あるいは部分的に重なり合った構造図には、当てはまりません。それが当てはまるのは、「連結」を切り離して、あるいは部分的に重なり合った二つの推論を引きはがして、別々の、いわば「純粋な」（「混在」のない）推論にしたときです。

（なお、「常識的」には、「有酸素運動」とか「体脂肪の燃焼」が出てくる②よりも、①の事実の方がよく知られていると思われるので、②から①への推論は、①の正しさを②から「論証」する認識根拠を与える推論とは取りませんでしたが、何らかの特殊な文脈では、そのように取ることも可能かもしれません。その場合にはこの文章は、全体として認識根拠を与える推論であり、さらに、②から①への部分に、存在根拠を与える推論が重なっている例になります。存在根拠を与える推論が、「事情を知らない人」にとっては認識根拠を与える推論でもある、ということは、しばしばあります。それを認識根拠を与える推論と考えるかどうかは、「どちらも正解」とすべきでしょう。）

もう一つ、主要部と補足部とが反対となる例を、挙げておきましょう。

①いつも火曜日の朝は、夫の昇が出勤の前にゴミ出しをすることになっていた。②そして今日は火曜日なのだが、昇はひどく慌てて出掛けて行ったところを見ると、たぶんゴミ出しをしなかったのだろう。③だから妻の紀子は、ひどく怒っているのだ。

この例文の「主要な推論」は、「紀子の怒り」を説明する、存在根拠を与える推論です。火曜日には昇がゴミ出しをする、というルールになっている（①）のに、火曜日の今朝、昇はゴミ出しをしなかったらしい（②－3）、というのが、その説明です。②には、三つの主張が含まれています。自分で確認してください。）そして、今朝、昇はゴミ出しをしなかったという「推測」の「証拠」として、昇がひどく慌てて出掛けて行ったこと（②－2）が、挙げられています。この部分が、認識根拠を与える「補足的な推論」です。「……ところを見ると」という表現は、「……を証拠として考えると」といった趣旨の、（認識根拠を与える）「理由表示語（句）」と考えればよいでしょう。

この推論をした人は、「ルール」のことは前から知っていたのですが、昇の行動を早朝からずっと観察し続けて、「ゴミ出しをしなかった」ことを直接確認することは、できなかったようです。そこで、「たぶん」という表現を入れて、この説明の「確実さ」があまり高くないことを表わしています。

この推論の構造図を描くときには、①や②－1「今日は火曜日だ」が、説明（主要な推論）の中でどのように働くのかを、よく考えてください。（②－2や②－3は、もちろん「今日の話」として読みます。）構造図は、次のようになります。

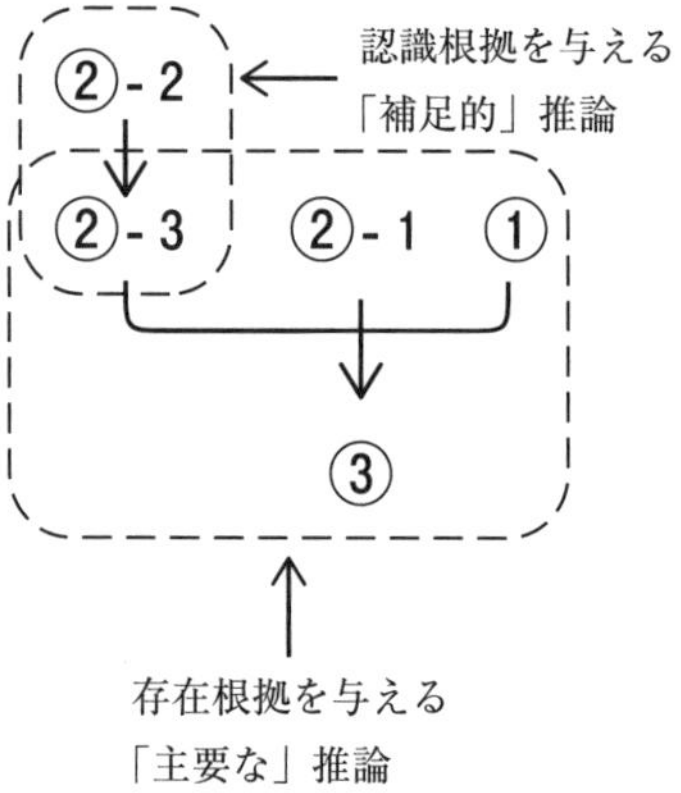

**練習問題2－3**　次の二つの文章では、2種類の推論が「連結」しています。二つの推論を連結した構造図を描きなさい。どの部分が認識根拠を与える推論で、どの部分が存在根拠を与える推論であるかを、本文の例に倣って示すこと。

（1）①茂雄の車に追突した後続車は、事故の前、かなりのスピードを出していた。②そして、茂雄の車のドライブ・レコーダーには、すぐ前に飛び出してきた自転車が映っているので、茂雄は、急ブレーキをかけたに違いない。③だから、追突事故になったのだ。

（2）①信子は幼い頃からピアノのレッスンを受けてきたので、「音楽の先生よりうまい」と言われるほど、ピアノが上手だった。②ところが今度のコンクールでは、何度も間違えたりつっかえたりしてしまった。③だから、よほど緊張していたのだろう。

## †推論の主張化

ここで取り上げるのは、これまでとは少し性格の違う推論です。

私たちは、「Aだ。だからBなのだ」というように、理由（認識根拠にせよ、存在根拠にせよ）から結論へと推論するとき、「Aであることが、Bであることの理由だ」と考えています。そうでなければ、いまのような推論はしないでしょう。そしてこの後者の「考え」から、それを理由として、前者の推論の後にさらに推論を続けることがあります。次の二つの例文を見てください。

①雑菌が繁殖している。②だから炎症が治まらないのだ。③したがって、炎症を治めるためには、雑菌を除去する必要がある。

①税務署から督促状が来た。②だから、勝は、税金を払うために妻から受け取ったお金を、ちょろまかしたに違いない。③そうなると、このちょろまかしを妻に気付かれないためには、督促状を隠さなければいけない。

どちらの例文も三つの文からなっており、同じ構造をもっていますが、①から②への推論は、一つ目の例文では存在根拠（原因）を与える推論、二つ目では認識根拠（証拠）を与える推論です。では、これらの推論の構造図は、どうなるでしょうか？　一見したところ、どちらの推論の構造図も、次の図でよいように思えるかもしれません。

①
↓
②
↓
③

けれども、本当にこれでよいでしょうか？　この構造図だと、結論である③は、②だけから導き出されています。しかし、「炎症が治まらない」という主張だけから、「炎症を治めるためには、雑菌を除去する必要がある」という結論を、あるいは、「勝は、税金を払うために妻から受け取ったお金を、ちょろまかしたに違いない」という主張だけから、「このちょろまかしを妻に気付かれないためには、督促状を隠さなければいけない」という結論を、導き出すことができるでしょうか？　それは、できないでしょう。炎症には様々な原因がありうるし、「ちょろまかし」を隠すために何をすべきかも、事情によって違うでしょう。（これは、督促状を隠せばそれで済む問題ではないように思いますが、それは、いまは問いません。）一つ目の文章の②には「雑菌」のことが、二つ目の文章の②には「督促状」のことが、何も言われていないのです。では、③を導くための「理由」は何なのでしょう？

それは、単独の主張としての②ではなく、①が②の理由であることです。一つ目の文章では、①が②の「原因」であること、二つ目の文章では、①が②の「証拠」であることが、③を導くための理由になっているのです。もしも①から②への推論が、（それぞれ、原因または証拠としての理由を与える推論として）正しいのであれば、そこから「①は②の理由（原因、証拠）である」という主張を導き出す（推論する）ことも、正しいでしょう。

そこで一般に、AからBへの推論が行なわれたとき、そのことから「AはBの理由（場合に応じて、原因、証拠など）である」という主張を結論として導き出す推論（これは、「推論からの推論」と言えます）は、正当だと考えられるのです。このような推論を、「推論の主張化」と呼ぶことにしましょう。このように命名する（これは、私の勝手な命名です）のは、この推論では、推論の形で表現されていることを、一つの主張の形へと変形するからです。構造図においては、「推論の主張化」の推論を、その他の通常の推論とは異なる「⫯」という矢印を使って、次のように表現することにします。「↓」で表わされる通常の推論は、その直前の主張からの推論、「⫯」で表わされる「推論の主張化」の推論は、その上で行なわれた推論からの、推論です。

AはBの理由（原因、証拠）である

しかし、先ほどの二つの例文では、どちらも、この「推論の主張化」の推論を、表立っては行なっていません。けれども、結論③を導くためには、暗黙のうちにでも、そのような推論が行なわれていることは、明らかです。そこで、「述べられていない中間結論」を挿入することによって、「推論の主張化」の推論を、次のように明示的に表わすことができるでしょう。

①
↓
②
⫯
[A]
↓
③

一つ目の例文では、A：①は②の原因である。
二つ目の例文では、A：①は②の証拠である。

本章末尾の練習問題2－7にも登場するのですが、少し本格的な議論を行なう文章で、特に、困難や課題に対する解決策を提案するような場面では、しばしば「推論の主張化」が現われます。まず、困難や課題がなぜ生じるのかを「説明」する（存在根拠を与える）推論を提示し、次にその推論を「主張化」して、困難や課題の「原因」を特定した上で、どうすればその「原因」を取り除くことができるかを述べる、というような形が、その典型です。そしてその際、先ほどの例文と同じように、「推論の主張化」の推論は表立っては行なわれず、「述べられていない中間結論」で済ませる場合が、かなり多いようです。おそらくその理由は、日常的な議論の中では、例えば、原因から結果への「推論」を提示すれば、それだけで、その結果の原因が何であるかを「主張」したに等しい、と考えられていることにあるように思います。先ほどの例文も、皆さんはそのように読んだのではないでしょうか？　もしそれらの文章に、「述べられていない中間結論」を付け加えて「述べ」たとしたら、少し冗長な文章になるように感じます。

　そのような事情もあるので、「推論の主張化」の矢印「⚲」は、必ずしも「述べられていない中間結論」を挿入しなくても、その次の推論につなげるために使用してもよいことにしたいと思います。そうすると、先ほどの二つの例文は、「述べられていない中間結論」を挿入せず、「述べられている」限りでの推論として、次のような構造図で表わすことができます。

①
↓
②
⚲
③

　この、「⚲」の拡張された用法は、「推論の主張化」を（暗黙のうちに）含む推論が行なわれていることを表わします。しかし、この拡張された用法においても、「⚲」と、通常の推論を示す「↓」との区別は、推論の構造を正確に捉えるために重要です。どちらの矢印で表わされる推論であるかによって、推論の「適切さ」の評価の仕方が、違ってくるからです。この区別の練習をしてみましょう。

**練習問題2－4**　次の二つの推論の構造図を描きなさい。（一方には「⫯」が入り、他方には入りません。）

（1）①竜巻が起こったので、屋根が吹き飛ばされた。②だから、家じゅうに雨が降り込んでしまった。

（2）①竜巻が起こったので、屋根が吹き飛ばされた。②だから、竜巻の力はものすごく強いのだ。

「⫯」によって「主張化」される推論は、これまでの例のように、直接つながった推論である必要はありません。例えば、原因から結果への「因果連鎖」をたどる、「AであったのでBが起こり、それゆえにCとなった」というような（存在根拠を与える）推論がなされたとき、その下に続く「推論の主張化」では、「BはCの原因である」と共に、「AはCの原因である」という結論を、出すこともできます。また「⫯」は、次の図のように、（通常の矢印や他の「⫯」と）「組み合わせ」になったり、「独立」の理由を表わす何本かの矢印のうちの1本になったりすることも、あります。

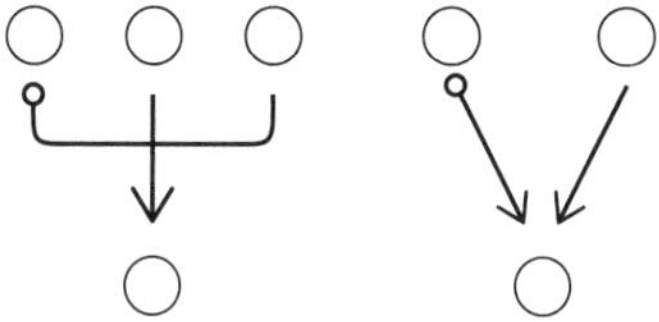

しかし「○↓」が、「基本理由」のすぐ下に付くことは、ありえません。なぜなら、「○↓」の上には推論がなければならないからです。

## 2・3　推論の周辺

最後に、文章の中に現われないけれども、推論の構造に含まれると考えられるものの一つである「暗黙の前提」と、推論を含む文章の中に現われるけれども、推論の構造には含まれない主張や疑問文としての「コメント」を、取り上げることにします。(文章の中に現われないけれども推論の構造に含まれると考えられる、もう一つの要素としては、既に取り上げた「述べられていない中間結論」があります。)

## †暗黙の前提

まず、前に何度か触れる機会があった「暗黙の前提」を、取り上げます。「暗黙の前提」とは、推論の内容から見て、その推論を行なうためには「基本理由」として必要な命題だ、と考えられるのだけれども、その命題は表立って述べられてはいない、そういう命題のことです。私たちが行なう多くの推論では、様々なことが暗黙のうちに前提されています。

先ほど、理由表示語や結論表示語の「変則的」な使い方の例として、次の文章を取り上げました(98ページ)。

①凶器のナイフは、裏の竹やぶの中から発見された。②だから、犯人が次郎であることは間違いない。③なぜなら、次郎の供述通りの場所で、凶器が発見されたからだ。

ここで「変則的」なのは、②が「だから」という結論表示語で始まっているのに、②は直前の①から直接導かれている結論ではなく、③からの結論になっていて、①はその③の理由になっている、という点です。では、なぜ①は③の理由とされているのかと言えば、次郎が、「凶器のナイフは裏の竹やぶに捨てた」といった内容の供述をした（そしてそのことを、この文章を書いた人は知っている）からだ、と考えるのが自然でしょう。これが、この推論における「暗黙の前提」です。しかしこのような「前提」は、この文章を書いた人は（たまたま？）知っていたとしても、おそらく多くの人には知られていないことなので、きちんとした論証のためには、明示的に述べるべきことでしょう。その意味で、この推論は、少々欠点があります。しかし、日常的な多くの推論では、様々なことがいわば「あたりまえ」のこととして、「暗黙」のうちに「前提」されています。

第1章の初めのところで挙げた、朝、学校に行く途中にある池の水が凍っていることから、今朝の池の水面近くの気温は、0℃以下まで下がったのだ、という結論を導く推論においても、「暗黙の前提」があると考えられます。まず、明らかに前提されているのは、「水は0℃以下で凍る」という法則です。しかし、それだけではありません。もしも誰かが池をスケートリンクにしようと思って、池の中に水を凍らせる装置を設置したのであれば、水面近くの気温がもっと高くても、池は凍るかもしれません。したがってこの推論では、そのような装置は設置されていない、ということも、暗黙のうちに前提されています。

ここで、「暗黙の前提」も、推論の「構造図」の中に組み込むことを考えましょう。「この推論では、その構造の中のここのところで、このような「暗黙の前提」が働いていますよ」ということを、明示的に表現しよう、というわけです。先に（104～105ページ）、構造図の中で「述べられていない中間結論」を［　］で囲み、それによって「実際には文章の中に書かれていない」ことを表示したように、「暗黙の前提」もまた「実際には書かれていない」ので、［　］で囲むことにします。

まずは、次郎の供述から。この推論の（「暗黙の前提」を組み込む前の）構造図は、皆さんに自分で描いてもらいました。次のようになりましたね。

①
↓
③
↓
②

ここに「暗黙の前提」を組み込むのですが、暗黙の前提とは、実際に述べられている理由に加えてそれも真でないと、結論を導き出せない、というものです。したがって、もしその暗黙の前提も、それを明示的に「理由」として推論の中に入れるとすれば、述べられている理由との「組み合わせ」となります。（「独立」の理由は、「実際に述べられている理由に加えてそれも真でないと、結論は導き出せない」というようなものではありません。）そして、先ほどの「暗黙の前提」は、①から③を導くところで働きます。そこで、「暗黙の前提」を組み込んだ構造図は、次のようになります。

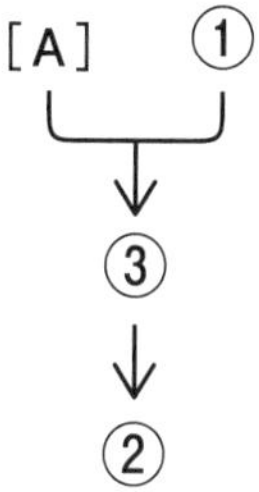


ただし、Ａ：次郎は、「凶器のナイフは裏の竹やぶに捨てた」という供述をした。

次に、池の氷の例。まずは、この推論をきちんと例文の形にしましょう。

①朝、学校に行く途中にある池の水が凍っていた。②したがって、今朝の池の水面近くの気温は、０℃以下まで下がったに違いない。

ここに、上の二つの「暗黙の前提」を組み込みます。すると、

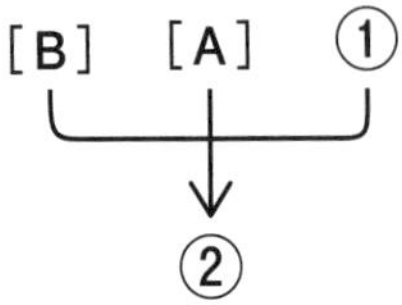


ただし、A：水は0℃以下で凍る。
B：池の中に水を凍らせる装置は設置されていない。

となります。

同じく第1章で取り上げた、別の例を考えてみましょう。次の推論はどうでしょう。

①本日正午における、地球と太陽と月の位置関係と運動状態は、かくかくしかじかとなっている。②このデータにニュートン力学を適用すると、明日の午後8時に、太陽

と月とを結ぶ線分上に地球が入るという結論が出る。③したがって、明日の午後8時には月食が起こるであろう。

この推論についても、「暗黙の前提」を見付けることができるでしょうか？　まずは自分で考えてみてください。……やはり、池の氷の場合の「法則」と同じように、「ニュートン力学は（近似的に）正しい」という前提があります。（これは「述べられていない」ことに、注意しましょう。）さらにこの推論では、現実に生じているできごととしては、「地球と太陽と月の位置関係と運動状態」しか、考慮に入れていません。そこで例えば、「明日の午後8時までの間に、地球や月の運動状態を変えてしまうような小惑星などは、飛んでこない」ということも、暗黙の前提になっている、と考えることができます。これらの暗黙の前提を組み込んだ構造図は、次のようになります。

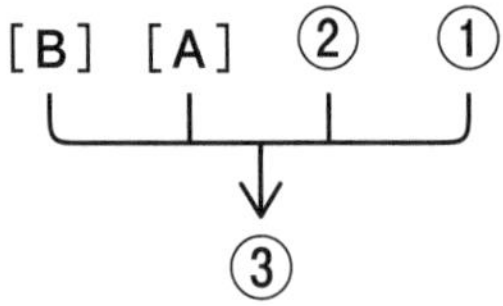


ただし、Ａ：ニュートン力学は（近似的に）正しい。
Ｂ：明日の午後8時までの間に、地球や月の運動状態を変えてしまうような小惑星などは、飛んでこない。

以上、三つの「暗黙の前提」の例を見てきましたが、次郎の供述を除けば、それらの「前提」はどれも、たぶん正しいだろうと考えられ、「前提」しても差し支えないと言ってもよいような例でした。しかしそれでも、そのような前提があるのだ、ということをわきまえておくことは、場合によっては（何か、「あたりまえ」ではない事情があることが、わかったときなど）重要になります。また、場合によっては、「暗黙の前提」に気が付いてみると、とても「前提」してよいとは思えないような、怪しげな、あるいは明らかに間違っているようなこともあります。それは、第4章で考えることにしましょう。

**練習問題2－5**　以下の推論における「暗黙の前提」を見付け、それを組み込んだ構造図を描きなさい。

（1）①東京と札幌の間の航空路線の所要時間は、1時間半あまりである。②したがって、飛行機を使えば、東京と札幌の間の日帰り出張も可能だ。

（2）①東海道・山陽新幹線は、ほぼ東西方向に走っている。②したがって、左右の窓は、ほぼ南向きと北向きである。③そして、車両を回転させて東西の向きを変えることは、おそらくないであろう。④すると、北向きの窓には日が当たることがほとんどないので、北向きの窓にUVカットのガラスを使うことには、意味がない。

（3）①社会が物質的に豊かになればなるほど、人々の忍耐力は低下するであろう。②社会が物質的に貧しい時代には、小さな子供の際限のない欲求を、親がすべて満たしてやることは不可能なので、子供は必然的に、がまんする経験を積むことになる。③しかし社会が豊かになれば、親は、うるさくせがむ子供をがまんさせるよりも、ほしがるものを何でも与える方が楽なので、そして豊かさのゆえに与えることができるので、ついつい与えてしまうことになる。④したがって子供は、がまんの訓練をする機会がなくなるのだ。（105～110ページ参照。）

### †コメント

ある文章が推論を含んでいても、その文章の中のすべての文（あるいはすべての「主張」）が、推論の構造の中に含まれるとは限りません。これまで様々な構造をもつ推論を見てきましたが、そのどれをとっても、推論の構造の中に含まれるのは、「理由」（または「仮定」）と「結論」だけです。たしかに、推論の出発点としての「基本理由」や「仮定」の他にも、そこからの結論でありながら、さらにそこから引き出される結論のための「理由」になるもの（中間結論）など、複雑な形をとることはありますが、推論の構造に属する主張は、最終結論と、何らかの形でそれを支持する（あるいは、その「生成の道筋」を与える）ために提示されている理由や仮定以外にはありません。しかし、推論を「含む」文章、あるいは推論を主な目的とする文章においても、その文章に現われるのは、理由や仮定と結論だけとは限りません。次の文章を見てみましょう。

①スポーツ競技の中で、監督が選手と同じユニフォームを着るのは、おそらく野球だけであろう。②しかし、監督がユニフォームを着るのは無意味だ。③なぜなら、それぞれの競技のユニフォームは、その競技で実際にプレーするのに適したものとして作られているのだが、監督はプレーしないからだ。

この文章では、野球の監督が（そして野球の監督だけが）選手と同じユニフォームを着ていることを取り上げ、それが無意味であることを主張しています。その理由は、ユニフォームとは、実際にプレーするのに適したものとして作られているが、監督はプレーしない、ということです。（ここでは、「監督兼選手」という場合は、除外されています。ちなみに、野球の監督が選手と同じユニフォームを着ることになったきっかけは、もともと野球には選手とは別の「監督」はおらず、キャプテン格の選手が監督の役割を果たしていた――つまり、「監督兼選手」が普通だった――のですが、時代と共に次第に「監督」が独立した役割になったためだ、と言われています。）ではこの推論において、第1文は、結論を支持する「理由」として働いているでしょうか？　もしそのように働いているのだとすると、野球の監督が（そして野球の監督だけが）選手と同じユニフォームを実際に着ているから、監督がユニフォームを着るのは無意味だ、ということに、したがって、もし野球の監督が実際にはユニフォームを着ていないのならば、監督がユニフォームを着るのは無意味ではないかもしれない、ということになります。しかしそれは、この文章の趣旨ではないでしょう。この推論で提示されている、「ユニフォームはプレーするためのものなのに、監督はプレーしないから」という理由は、実際にユニフォームを着る監督がいてもいなくても、「もしも監督がユニフォームを着るとすれば、それは無意味だ」という、一般的な結論を支持する理由になっています。したがって、第1文は、結論を支持する「理由」としての働きは、もっていないと考えるべきでしょう。

　では、この文章の中で、第1文はどのような働きをしているのでしょうか？　それは、「話題の設定」とでも呼ぶべき働きです。「野球の監督はユニフォームを着ていますが、さあ皆さん、これをどう思いますか？」とでも言うように、それを話題に取り上げる合図のような働きです。このような合図は、「絶対に必要」というわけではありません。第1文の全体と、第2文の「しかし」を削除しても、まったく同じ内容の推論ができます。しかしそうすると、なぜそんな話をするのかという、この話をする動機がわかりにくくなるでしょう。もし野球の監督も（そして、他のいかなる競技の監督も）ユニフォームを着ていないならば、一所懸命になって「監督がユニフォームを着るのは無意味だ」と主張しても、それこそ無意味でしょう。「話題の設定」としての第1文を冒頭に置くことで、「なぜこういう話をするのか」をはっきりさせているわけです。そして話題の設定は、結論を支持する働きをしてはいないので、推論の構造の中には入りません。上の推論の構造図を示しておきます。

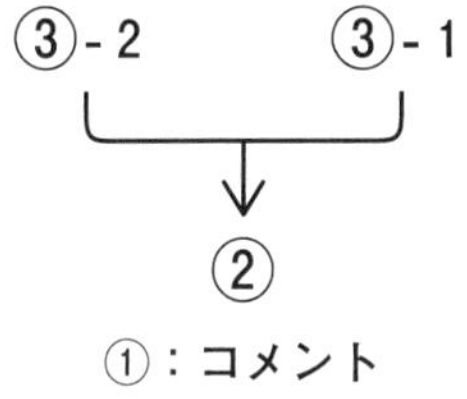


①は、構造図には含まれず、「コメント」と呼ばれて、構造図の外に提示されています。話題の設定や、後で取り上げる「反対意見の提示」など、文章中に現われるけれども、推

論の構造の中には含まれない主張（や、場合によっては疑問文など）を、一括して「コメント」と呼び、このように、構造図を描くときにはその外に提示することにします。

推論を含む文章で、しばしば現われるものとして、「ある種の実験（あるいは観察、調査）を行なったところ、……という結果が得られた。その結果から、……と結論付けることができる」といった形のものがあります。（「結果」と「結論」の区別に注意しましょう。この推論は、認識根拠を与える推論です。実験・観察・調査の「結果」を「証拠」として、「結論」に支持を与えているわけです。）そのような文章の場合、初めの、どのような実験（観察、調査）が行なわれたのかを述べる部分は、その実験等の結果がどうであったとしても、また、そこからどのような結論が推論されるとしても、同じように置かれることになるでしょう。つまりそれは、結論に対して中立であり、結論に支持を与えるものではないので、「コメント」と見なされます。次の例文を見てください。

①小学1年生の子供たちを対象に、次のような実験が行なわれた。②一人ずつ部屋に入ってもらい、2枚のクッキーが載っているテーブルの前に、座ってもらう。③実験担当者は子供に「5分くらい待っててもらうんだけど、その間にクッキーを食べちゃってもいいよ。だけど、もし私が帰ってくるまで食べずに待っててくれたら、クッキ

ーをおまけにもう1枚あげるよ」と告げる。④そして部屋を出て、5分後に戻る、という実験である。⑤結果は、約80％の子供たちが、担当者が帰ってくる前にクッキーを食べてしまう、ということであった。⑥したがって、多くの小学1年生にとって、5分後の3枚のクッキーよりも、いますぐの2枚のクッキーの方が、価値が高いのだ。

これは、報酬に関する「時間割引」と呼ばれる現象を調べる実験のようです。（しかし、後で述べるように、その種の実験としては、少々問題があります。）人間は一般に、後で得られる報酬よりも、いますぐの報酬ならば、多少少なくてもそちらを選ぶ傾向があるようです。後で得られる（ことになっている）報酬には、どうしても「不確実性」が伴うからでしょう。

結構長めの文章ですが、この中で推論が行なわれているのは、どこでしょうか？　初めの方では、どのような実験を行なったのかを描写していて、それが①から④まで続きます。そこでは推論は行なわれていません。③は実験担当者の発言を紹介しており、その「　」の中にはいくつかの「。」がありますが、推論の中ではないので、簡単のために、③全体を一つの文と数えました。⑤で実験結果が述べられ、それを理由として結論⑥へと推論が行なわれています。推論が行なわれているのは、この最後の2文のところだけです。そこで、その前の①〜④はすべて「コメント」です。これらの文は、この文章がどのような実験を話題としているかを述べているので、「話題の設定」と考えることができるでしょう。ただし、前の「監督のユニフォーム」の場合とは違って、あってもなくてもよいものではなく、どのような推論が行なわれているのかを理解するために不可欠な、「話題の設定」です。構造図は、次のような最も単純なものです。

⑤
↓
⑥
①〜④：コメント

なお、先ほどこの実験には「問題がある」と言いましたが、その問題とは、子供たちの目の前に、クッキーが置いてあることです。これは多くの子供たちにとって、「食べたい！」という衝動を呼び起こすかなり強い刺激でしょう。クッキーは見せずに、「いますぐなら2枚、5分待っててくれたら3枚あげるよ」と、ことばだけで伝えてどちらかを選ばせる場合とは、たぶん違う結果になるでしょう。しかしまた逆に、「感覚的な刺激など、様々な攪乱要因を完全に取り除いて、「純粋な時間割引」のあり方を捉えることなどできるのか？」と言われれば、それはかなり難しい問題になると思います。ここでは深入りしません。

さて、推論を含む文章の中には、前に触れた、「反対意見の提示」とでも呼ぶべき部分があることがあります。それは、「多くの人が（あるいはある著名な学者が）……と考えているが、それは間違っている。なぜなら……だから」というような形の文章に出てきます。この文章の最初の部分、つまり「多くの人が（あるいは……が）……と考えている」という部分で提示されているのは、この推論を行なっている人とは反対の意見なので、その部分を、「反対意見の提示」と呼ぶことにしましょう。そして次の「それは間違っている」という主張がこの推論の結論で、最後に（認識根拠としての）理由が述べられています。「話題の設定」は、結論に対して「中立」でしたが、「反対意見の提示」で提示されている意見は、文字通り、結論に対して「反対」するものです。ですから当然、推論の構造（そこに含まれるのは、結論と、それを支持する理由だけです）には入りません。反対意見の提示も、「コメント」と呼ぶことにします。次の例文の第1文が、「反対意見の提示」の例です。

①「国際化」と「グローバル化」とは同じことだと思っている人が多い。②しかし、それは間違っている。③「国際化」とは、それぞれの国が単位となって、国々が互いに盛んに交流することなのに対して、「グローバル化」とは、地球全体が一体化し、

それぞれの国が果たす役割が、小さくなることだからである。

結論と理由がそれぞれどの部分であるかを、考えてください。②が結論、③が理由ですね。③は、「国際化」と「グローバル化」の違いを述べる一つの主張だ、と考えてもよいかもしれません。しかし、「国際化」とは何かを述べる前半と、「グローバル化」とは何かを述べる後半との、二つの主張と考える方が、望ましいと思います。その理由は、この推論を「評価」するにあたって、前半と後半は、正しいかどうかを別々に考えなければならないからです。構造図は、自分で描いてみましょう。（「コメント」は、構造図の外に提示します。）

「反対意見の提示」はしばしば、その「反対意見」の理由も述べる「推論」の形で行なわれます。その意見をもつ人は、ちゃんと理由があってその意見をもっているのだと、認めているわけです。しかし、「それでも違う」と論じるのです。前に取り上げた「電車の中での携帯通話を禁止するのはおかしい」という議論に対して、「いや、おかしくない」と反論する場合を考えてみましょう。次の例文の①と②は、前に取り上げた推論の最後に、「と言う人がいる」と付け加えて、推論の形の「反対意見の提示」になっています。そして、その後の部分が、この例文での「本体」の推論です。（「2種類の推論の混在」における

「主要な推論」と「補足的推論」の話と、ここでの「本体の推論」と「反対意見の推論」の話とは、無関係です。）

①電車の中で携帯電話で通話することは、隣の人とおしゃべりすることと較べて、通話相手の声がまわりには聞こえないので、その分だけ、まわりの人への迷惑が少ないだろう。②だから、電車の中での隣の人とのおしゃべりを禁止しないのに、携帯通話を禁止するのはおかしい、と言う人がいる。③しかし、もし電車の中での通話を認めると、一人で電車に乗って退屈している多くの人たちが、通話を始めるだろう。④もしもそうなると、通話の声が大変な音量になることが予想されるので、やはり電車の中での通話は、禁止すべきなのだ。

「本体」の推論では、結論として、「やはり電車の中での通話は、禁止すべきなのだ」と主張されています。そして、その主張を支持する理由として、反対意見をもつ人が考慮していなかった事柄が、挙げられています。反対意見の人は、携帯通話を許可しても、隣の人とおしゃべりをする人たちくらいしか、携帯通話をする人はいないだろうと、暗黙のうちに前提していたわけです。普通、一人で電車に乗っている人は、隣の知らない人とおしやべりすることは、あまりないでしょう。しかし、携帯通話という手段が与えられたら、一人で電車に乗って退屈しているたくさんの人たちが、友達や家族と携帯で通話するだろうと、この推論をしている人は考えたのです。

さて、この推論の構造図を描くとき、反対意見の提示であるコメントは、せっかく推論の形で示されているので、「本体」の推論の外に提示するコメントとしても、推論構造図の形で描くことにしましょう。それは既に90ページで描いた次の構造図です。①-1と①-2がどのような主張であるかも、明記することにしましょう。

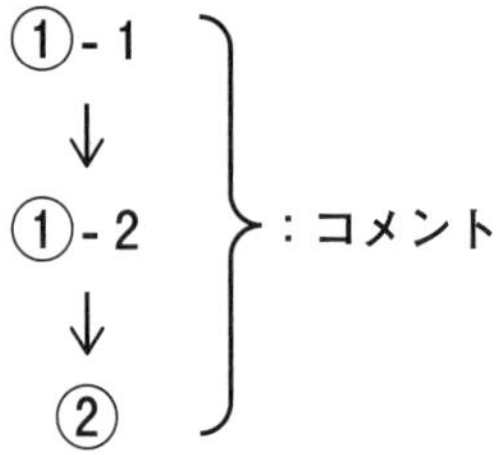

ただし、

①-1：電車の中で携帯電話で通話するときには、通話相手の声がまわりには聞こえない。

①-2：電車の中で携帯電話で通話することは、隣の人とおしゃべりすることと較べて、その（通話相手の声がまわりには聞こえない）分だけ、まわりの人への迷惑が少ないだろう。

そして本体の推論は、③と④の前半（④-1）を組み合わせの理由として、④-2を結論とする推論です。本体の推論の構造図は、次のようになります。

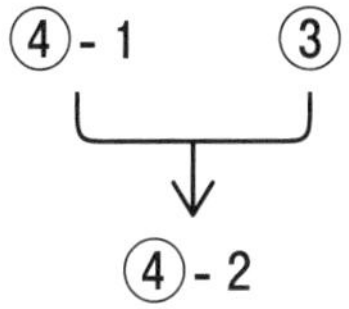


ここまで「コメント」の例として、「話題の設定」と「反対意見の提示」を取り上げま

したが、付加的な情報など、文章の中の、推論の構造に含まれない主張や、何かを「主張」するわけではない疑問文などは、すべて「コメント」と見なすことにします。その中でやや微妙なのは、「例示」です。推論の中に一般的な主張が現われているとき、一般的な主張はどうしてもやや抽象的になり、わかりにくさが伴うので、具体的な例を挙げて、理解の助けにすることがあります。するとその具体例も、推論の構造の中に入れようと思えば、入れられそうに思えます。しかし、推論の構造の中には元の一般的な主張が入っているので、さらに具体例を入れる必要はありません。そこで、そのような「例示」も、コメントとして扱うのが適切でしょう。ただし、一般的な主張から一つの具体例を導き出し（推論し）、結論に到るためにその具体例を使う、というような場合（例えば、人の身長と体重の間の適正な関係についての一般的な規則を、具体的な一人の人に当てはめることによって、その人が太りすぎかどうかを判定するような場合）には、「具体例」も推論の構造の中に入ります。次の練習問題2－6の文章には、疑問文と「例示」が出てきます。どの部分が「コメント」であるかを指摘し、がんばって構造図を描いてみましょう。（ヒント：これは、「説明」としての、存在根拠を与える推論です。「一般的な主張とその具体例」という形になっている部分が二つありますが、一つの例示はコメント、もう一つは推論の一部です。）

**練習問題2-6**　次の文章で行なわれている推論の構造図を描きなさい。「コメント」の指摘も忘れずに。

①各国のロケット発射場の多くは、できるだけ赤道に近い（緯度の低い）場所に作られている。②例えば、日本の種子島宇宙センターや、アメリカのケネディ宇宙センター（フロリダ州）は、それぞれの国の中で、かなり赤道に近い地域にある。③なぜか？　④回転するものの遠心力の大きさは、回転半径に比例するので、地球の自転による地表での遠心力は、赤道に近い場所ほど大きい。⑤だから、赤道近くの発射場では、ロケットを発射するとき、その大きな遠心力を利用できるので、少ない燃料で重力圏を脱出することができるのだ。

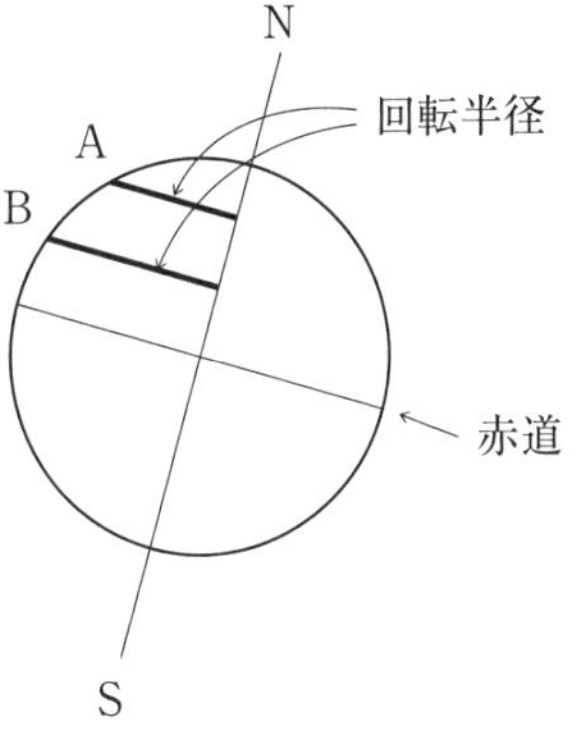


地上のA地点とB地点での自転の回転半径
（赤道に近い方が大きい。）

次の練習問題2-7は、この章全体の総合練習問題です。かなり長めの文章ですが、がんばって挑戦してみてください。

**練習問題2-7** 以下の文章に含まれる推論の、構造図を描きなさい。その際、

（a）認識根拠を与える推論か、それとも存在根拠を与える推論かを答え、もし「2種類の推論の混在」であるならば、それぞれの推論がどの部分であるかを図示し、

（b）条件文の前件やその他の省略があれば、それを補足し、

（c）注意すべき「暗黙の前提」があれば、それを構造図に組み込むこと。

（1）①もしも草食動物や雑食動物がいなくなって、動物が肉食動物だけになったとしたら、どういうことが起こるだろうか？　②動物は植物と違って、外部から栄養を吸収するための「根」をもたず、また、外部の資源を利用して栄養を作り出す「光合成」の能力もない。③したがって、草食動物や雑食動物のように、植物を食べて栄養を得る動物がいなくなると、動物界全体には、その外部からの栄養補給は（水や土から得られる微量のミネラルなどを別とすれば）なくなることになる。④だから動物たち

は、消費する栄養をお互いに「食うか食われるか」によって、あるいは「食物連鎖」の序列にしたがって「弱い」ものから食べられることによって、動物界の内部から得るほかはない。⑤そうすると、動物界全体は栄養を消費するばかりになるので、やがてすべての動物が、栄養を消費し尽くして死に絶えるであろう。⑥したがって、動物が生存し続けてゆくためには、草食動物や雑食動物のように、植物から栄養を得る動物の存在が、不可欠なのである。

（2）①現在の日本では、国会議員や地方議員の選挙に立候補するためには、公務員は辞職しなければならず、民間企業に勤める人も、多くの場合辞職せざるをえない。②しかしそうすると、落選したときや議員の任期が終わったときには、職を失うことになる。③だから、公務員や民間企業に勤める人たちは、よほどの覚悟がないと、議員選挙に立候補することは難しい。④そこで、ドイツのように、選挙で落選したり、議員の任期が終わったりした場合には、役所や企業は、立候補のために辞職した人をもう一度雇用しなければならない、という制度を採用すべきである。⑤そうすれば、職を失う心配がなくなるので、いまよりもずっと多くの、政治に対して意欲と能力のある人たちが立候補するようになり、日本の政治家のレベルも上がるであろう。

（ヒント：この推論には、「推論の主張化」が含まれています。なお、この文章では、朝日新聞特別取材班『政治家よ――「不信」を越える道はある』（朝日新聞社、2000年）を参考にしました。）

（3）①サッカーのゴールキーパーは、ゴールを守るために左右にジャンプするが、その際、右に跳ぶときには右足で踏み切り、左に跳ぶときには左足で踏み切る。②嘘だと思ったら、サッカーの試合を、キーパーに注目してよく見てごらん。（ペナルティ・キックの場面が、一番見やすい。）③では、なぜそのような跳び方をするのか？④それは、左右どちらについても、そのような跳び方をすれば、反対の足で踏み切るよりも、両足の間隔の分ほど遠くまで跳ぶことができるからだ。⑤サッカーのゴールの枠はかなり大きくて、横幅は7メートルを超える。⑥だから、その全体をカバーするためには、少しでも遠くまで跳ぶ必要があるのだ。⑦しかしこれは、普通の人の跳び方ではない。⑧右足で踏み切って右に遠くまで跳ぶためには、踏み切る前に体の重心を右足よりもさらに右側に出しておく必要があるが、その姿勢は、そのままでいれば倒れてしまう姿勢である。⑨だからこれはかなり難しい跳び方なので、普通、人が横に跳ぶ場合、右に跳ぶときには左足で、左に跳ぶときには右足で踏み切るのだ。⑩

したがって、サッカーのゴールキーパーになるためには、横に跳ぶ跳び方についての特殊な訓練を積む必要がある。

(この文章の推論は、第4章の「例題11」と共に、この本の中で最も複雑な推論の一つです。これと第4章「例題11」の構造図が描けたら、構造図は免許皆伝です。⑤は一つの主張と考えることにしましょう。)

第3章

# いくつかの気を付けるべきポイント

この章では、「論理的に考え」なければならないときにしばしば出てくる、重要な、そして「厄介だな」と感じる人が比較的多い、いくつかのテーマを取り上げて、少し詳しく考えることにします。

## 3・1　必要条件と十分条件

「必要条件と十分条件」という話題は、高校の数学Iで学ぶものですが、どうもこれを苦手とする人が多いようです。ゆっくり考えていきましょう。

まずは定義から。AであることがBであるための「必要条件」であるとは、Bであるためには Aであることが「必要」であり、したがって、AでないのにBであることはありえない、ということです。そして、AであることがBであるための「十分条件」であるとは、Aでありさえすればそれだけで、Bであるために「十分」であり、したがって、AであるのにBでないことはありえない、ということです。

私がひそかに抱いている疑念は、この話題を苦手とする人は、「十分条件」とか「必要条件」といった、何か少し「肩肘張った」難しそうな表現に、たじろいでしまっているのではないか、ということです。「条件」ということばをはずして、必要条件であるとは、ただそれが「必要だ」ということなんだ、十分条件であるとは、ただそれだけで「十分だ」ということなんだ、という風に考えてみると、少し気が楽になるのではないでしょうか？「必要だ」、「十分だ」ということばなら、これまでも「十分」に使いこなしてきたのではありませんか？ときどき、インターネット上の高校数学の参考サイトなどでは、必要条件と十分条件とは、まるで「暗記項目」のように書かれていることがありますが、そうではなく、「必要である」とはどういうことか、「十分である」とはどういうことかと、ことばの意味を考えて判断すべき事柄だと思います。実例に当たってみましょう。

宝くじに当たるためには、宝くじを買う（あるいはもらう、あるいはとにかく何らかの仕方で手に入れる）ことが「必要」です。宝くじを手に入れないことには、「当たる」ことはありえません。したがって、宝くじを手に入れることは、宝くじに当たるための「必要条件」です。しかし、宝くじを買っただけでは、宝くじに当たるために「十分」ではありません。もし十分ならば、すべての人が宝くじを買うでしょう。宝くじは、はずれることの方が多いのです。したがって、宝くじを手に入れることは、宝くじに当たるための「十分条件」ではありません。

年末ジャンボ宝くじで一等に当たることは、金持ちになるために「十分」です。何億円ものお金が手に入るからです。しかし、金持ちになるために、それは「必要」ではありりません。なぜなら、金持ちになる方法は、宝くじに当たること以外にも、「起業」して大当たりするとか、ベストセラー作家になるとか、プロ野球のスター選手になるとか、他にも色々とあるからです。したがって、年末ジャンボ宝くじで一等に当たることは、金持ちになるための「十分条件」ではありますが、「必要条件」ではありません。

スポーツが好きな人は、プロ野球でもJリーグでも、その他何でもいいのですが、リーグ戦の終盤を考えてみましょう。リーグ戦も終盤になってくると、各チームの順位の可能性の幅が狭くなってきて、例えば、今シーズンのJ1リーグでFC東京が優勝するためには、今度の試合にどうしても勝たなければならない。勝たないと優勝の可能性がなくなる、というようなことが起こります。例えば、首位の川崎フロンターレに勝点差5をつけられていて、残り2試合、といった場合です。ここでまず、なぜ今度の試合に勝たないと優勝の可能性がなくなるのかを理解してもらうために、Jリーグでの「勝点」や優勝についてのルールを、手短に説明しておきましょう。

Jリーグには、「勝点」というものがあり、一つの試合に勝てば3、引き分けだと1、負けると0の「勝点」が与えられます。そして、シーズン全体の勝点の合計で優勝を争います。勝点で複数のチームがトップに並んだ場合は、それぞれのチームの得点の合計から失点の合計を引いた「得失点差」の勝負となります。それでも並んだ場合についても、詳しいルールがあるはずですが、私もそれ以上は知りません。

さて、先ほどのように、首位川崎に勝点差5をつけられて残り2試合となった場合、例えば今度の試合で引き分けてしまうと、たとえ最終戦で勝ったとしても、その2試合で得られる勝点は4で、たとえ川崎が残り2試合に負けたとしても、勝点で追いつけません。

そこで、今度の試合に勝つことが、FC東京が優勝するための「必要条件」だ、ということになるわけです。今度の試合に勝つことが、優勝するためにはどうしても「必要」なのです。（今度の試合に勝っても、川崎も勝てば、その時点で優勝の可能性はなくなりますが、とにかく今度の試合に勝たないことには、絶対に優勝できません。）

あるいはまた、今度の試合に勝ちさえすれば、他の試合結果やその後の試合に関係なくFC東京の優勝が決まる、という場合もありえます。いわゆる「自力優勝」です。そしてそれは、今度の試合に勝つことが、FC東京が優勝するための「十分条件」だ、ということです。今度の試合に勝ちさえすれば、それだけで、優勝するためには「十分」なのです。（私はFC東京のサポーターを長いことやっていますが、残念ながら、J1で優勝したことはまだありません。）

ただし、「必要条件」の意味で使われる「必要だ」は、普通の日常的な使い方より、少し広い使い方になっているかもしれません。高校で習う数学の例を考えてみましょう。例えば、「$x=2$であるためには、$x^2=4$であることが必要だ」というのは、日常的なことば遣いとしては、あまり自然ではないと感じられるかもしれません。というのも、この言い方だとあたかも、「$x=2$であるためには、前もって$x^2=4$にしておかなければならない」と言っているように聞こえるかもしれないからです。（感じ方は人によって違うでしょうが。）「必要」なものは、前もって用意しておかなければ、というわけです。しかし、ここで言われる「必要だ」は、そういうことではありません。それは、「もしも$x^2=4$でないならば、決して$x=2$ではない」ということ、一般化して言えば、「AがBのための必要条件である」とは、「もしもAでないならば、決してBではない」ということです。Bのために「必要」な条件が成り立っていなければ、決してBは成り立たないのです。たしかに宝くじの場合には、「もしも前もって宝くじを手に入れておかなければ、決して宝くじに当たることはない」と言えるでしょう。（当選番号がわかった後で、当たり券を元の値段で売ってくれる人は、いないでしょう。）しかし、数学的な（あるいは論理的な）真理は時間とは関係がないので、「前もって」の話ではないのです。

　もしここで$x$の範囲として、正負を含めた実数全体を考えているならば、$x^2=4$であることは、$x=2$であるための「必要条件」ではありますが、「十分条件」ではありません。$x=-2$であっても、$x^2=4$になり、したがって、$x$の値としては、2

の他に－2の可能性もあるので、「$x^2=4$でありさえすれば、それだけで$x=2$であるために十分だ」とは言えないのです。

数学の中での必要条件と十分条件の説明（定義）は、条件文を使って与えることもできます。「AならばB」という条件文が真であるということと、AはBのための十分条件だということ、そしてBはAのための必要条件だということは、すべて同じことの言い換えです。まず、いまの条件文が真だということは、Aでありさえすれば、それだけでBであるためには十分だ、ということです。これはまさに、条件文の意味そのものでしょう。また、この条件文が真だということは、「AであるのにBでない、ということはない」ということです。そしてそれは、「BでないのにAである、ということはない」と言い換えることができます。（「AであるのにBでない」と「BでないのにAである」とは、強調点が違うだけで、言われている内容は同じです。）これをもう一度言い換えて、「もしもBでないならば、決してAではない」（元の条件文の「対偶」）とすると、前のページで説明した「必要だ」の使い方によれば、まさしく「BはAのための必要条件である」ことになるわけです。

いまの段落では、少し込み入ったことを書きました。「よくわからない」と感じた人は、ゆっくりとよく考えながら、もう一度読み直してみてください。それによって、予想以上に理解が進みます。

先ほど触れたように、数学（や論理学）の中で言われる必要条件や十分条件は、時間とは関係がなく、純粋に論理的な関係なので、このように条件文によって定義ができるのですが、数学（や論理学）と違って、時間・空間的なこの世界の中で起こるできごとや行為（Jリーグで優勝することや、宝くじを買うことなど）について言われる必要条件や十分条件には、時間的な、あるいは原因と結果の関係に関する、制約があるように思います。「あるように思います」と言うのは、その制約を破った言い方は、私には非常に不自然に思われるのですが、しかし、明確な規則として明言されることは、ほとんどないからです。その制約とは、「AがBのための必要条件だとか十分条件だとか言われるのは、AがBよりも時間的に先立つ（あるいはAがBの原因となる）場合だけだ」ということです。

先ほど述べた数学的な場合と同じように、もしも必要条件や十分条件が、時間とは関係がなく、純粋に論理的な関係であるならば、AはBのための十分条件だということと、BはAのための必要条件だということとは、「同じことの言い換え」なので、例えば、「この試合に勝つことは優勝するための十分条件だ」と言えるときには、「優勝することは、この試合に勝つための必要条件だ」と言ってもよいことになるでしょう。しかし、「この試合に勝つためには優勝する必要がある」というのは、一体何を言っているのかまったくわからないほど、不自然な言い方ではないでしょうか？　同じようにして、もし時間の前後を無視すれば、「この試合に勝つことは、優勝するための必要条件だ」という文は、「優勝することは、この試合に勝つための十分条件だ」と言い換えられます。これも同様に不自然でしょう。「宝くじに当たることは、宝くじを手に入れるための十分条件だ」というのも、「もし宝くじに当たったならば、宝くじを手に入れていたに違いない」というあたりまえのことを、非常にわかりにくく言い換えただけの、奇妙な文でしょう。こうして、時間・空間的な世界の中でのできごとについて、「AはBの必要条件（あるいは十分条件）だ」と言えるのは、AがBより時間的に先立つ（あるいはBの原因である）場合に限られる、と考えてよいと思われるのです。（もしかすると、その制約はもっと微妙で、複雑なものかもしれませんが、何らかの制約があることは、明らかだと思います。）

Aであるための必要条件や十分条件は、いくつもあるのが普通です。例えば、$x=2$であるための必要条件としては、$x^2=4$の他にも、$0<x$を挙げることができます。「$x=2$ならば……」の「……」のところに入れて真となることなら何でも、$x=2$であるための必要条件です。それらはすべて、$x=2$であるためには必要な条件なので、$x=2$であるためには、そのすべてが真である必要があります。

J1残り3試合で、FC東京は、首位の鹿島アントラーズに勝点差9をつけられているとしましょう。その場合、東京が優勝するためには、残り3試合すべてに勝つ以外にありません。（すべてに勝ったとしても、優勝は非常に難しいのですが、いまの段階では、東京が残り試合すべてに勝ち、鹿島がすべてに負ければ、勝点で並び、「得失点差」で優勝する可能性が、まだ見込めるのです。）したがって、残り3試合のそれぞれに勝つという、三つの必要条件があることになります。

十分条件についても、複数ありえます。$x^2=4$であるためには、$x=2$であることも、$x=-2$であることも、それぞれが十分条件です。金持ちになるためには、年末ジャンボ宝くじで一等に当たることも、起業して大当たりすることも、ベストセラー小説を次々と出版することも、十分条件です。残り3試合で2位に大きな勝点差をつけて首位に立ち、あと一つ勝てば、2位以下のチームは絶対に追いつけないとき、残り3試合のうちのどの試合に勝つことも、それぞれ、優勝するための十分条件です。Aであるための十分条件が複数ある場合、その一つ一つが単独で、Aであるために「十分」なので、どれか一つが真であれば、必ずAであることになります。（なお、Jリーグでは、必ずしも毎回全チームが（ほぼ）一斉に試合を行なっていくわけではなく、チーム事情によって残り試合数にバラツキができることもあるのですが、ここでJリーグの話をするときには、簡単のために、いつも全チームが一斉に試合をするものと、仮定することにします。ここで一斉に行なわれると仮定した一つの試合群を、「節」と呼びます。1シーズンのリーグ戦は、第1節（開幕節）から最終節までで構成されます。）

　AがBのための必要条件であり、さらに同時に十分条件でもあるとき、AはBのための「必要十分条件」である、と言います。時間と関わらない数学的な場合には、AがBのための必要十分条件であるときは必ず、逆に、BはAのための必要十分条件になります。その理由はこの後に書きますが、それを読む前に、先ほど（161ページ）述べた、条件文を使った必要条件と十分条件の定義を利用して、自分でその理由を考えてみてください。わかりましたか？　条件文を使った先の定義によれば、AがBのための十分条件であるときには、「AならばB」が真となるので、BはAのための必要条件であり、また、AがBのための必要条件であるときには、「BならばA」が真となるので、BはAのための十分条件となります。したがって、AがBのための必要条件であると同時に十分条件でもあるときには、Bも、Aのための十分条件であると同時に、必要条件でもあることになるのです。

　これまでに挙げた例で言えば、（xの範囲を実数全体として）「x＝2またはx＝－2である」ことは、$x^2$＝4であるための必要十分条件です。では、「金持ちになる」ための（そのための手段、原因に関する）必要十分条件はあるでしょうか？　どうもありそうもありません。というのも、前に述べたように、「金持ちになる」手段は色々とあり、そのうちのどれでも、金持ちになるための十分条件なので、「どうしてもこの手段をとることが必要だ」と言えるようなものは、ないからです。考えられるすべての手段（十分条件）を、「AまたはBまたはCまたは……」と「または」でつないで一つにすれば、それは金持ちになるための「必要十分条件」になる、と言えるでしょうか？　いまは考えられないけれども、将来実現するかもしれない「金儲けの手段」があるとすれば、いま考えられる手段をすべて「または」でつないでも、金持ちになるための「必要条件」とは言えないでしょう。だから、「必要十分条件」とも言えません。

それでは、FC東京が今度の試合に勝つことが、J1で優勝するための必要十分条件になる、ということはありうるでしょうか？（先ほど述べたように、「優勝することが、今度の試合に勝つための必要十分条件だ」という言い方はしません。）今度の試合に勝たなければ優勝の可能性がなくなる、ということと、勝てばそれだけで（自力で）優勝が決まる、ということが両方成り立つような場合があるかどうか（その例を、一つでも挙げられるかどうか）、この先を読む前に考えてみてほしいのですが、少しだけヒント。

最終戦（最終節）以外の試合では、それはありえません。例えば、最後から二つ目の試合を考えてみましょう。その試合（それを〈大一番〉と呼ぶことにします）に勝つことが、優勝のための「必要十分条件」になることが、ありうるでしょうか？

「少しだけヒント」と書きましたが、これからの話は、かなり長くて複雑な推論になります。この話自体を、「長い例文」だと思って読んでみてください。

さてここでは、〈大一番〉に勝つことが優勝のための「十分条件」になる、と仮定して、その仮定の下で、〈大一番〉に勝つことが、さらに優勝のための「必要条件」にもなる、ということが可能かどうかを考える「仮定からの推論」をすることになります。もし可能ならば答えはYes、不可能ならばNoです。

「〈大一番〉に勝つことは、優勝のための「十分条件」だ」という仮定から、まず次のことが推論できます。〈大一番〉に勝ったときには、もちろん首位であり、しかも（もしも最終戦で負け、2位以下のどこかのチームが最終戦で大量得点をして勝ったとしても、FC東京が優勝できるはずなので）、〈大一番〉と同時に一斉に行なわれる他チーム同士の試合結果がどうであっても、（〈大一番〉に勝ったときには）他のすべてのチームに対して、勝点差4以上をつけることになるはずです。そうでないと、もしも最終戦に負けた場合、他チームに追いつかれ、追い越される可能性があるからです。

ではそのことから、〈大一番〉の前の段階については、何が言えるでしょうか？　この問いへの答えが、「〈大一番〉に勝つことが優勝のための「必要条件」にもなることがありうるか？」という問いに答えるための、決定的な判断材料になります。

まず、その段階で既に首位である、と言えます。そうでなければ、その後で〈大一番〉に勝ったとき、「2位以下のすべてのチームに対して、勝点差4以上をつける」ことにはなりません。（それがなぜかは、自分で考えてみましょう。）そして、さらに次のことも言えます。

〈大一番〉に勝つと、「〈大一番〉と同時に一斉に行なわれる他チーム同士の試合結果がど、う、で、あ、っ、て、も、2位以下のすべてのチームに対して、勝点差4以上をつけることになる」ということは、〈大一番〉の前の段階で、それらの「他チーム同士の試合」を戦うすべてのチーム、つまり〈大一番〉の対戦相手以外のすべてのチームに対して、既に4以上の勝点差をつけている、ということです。なぜなら、もしもそれらの中に、その段階で勝点差がもっと少ないチームがあったとすると、〈大一番〉と同時の試合でそのチームが勝った場合には、FC東京が〈大一番〉に勝ったとしても、勝点差は広がらず、4より少ないままになってしまうからです。「〈大一番〉に勝てば大丈夫」と言えるためには、それと同時の他の試合でどのチームが勝っても、大丈夫でなければならないのです。

しかし、〈大一番〉の対戦相手は、事情が違います。〈大一番〉でFC東京が勝った場合というのは、その対戦相手が負けた場合のことなので、そこで勝点差が4以上になるためには、その前の段階での勝点差は、1以上あればよいのです。

こうして、「〈大一番〉に勝つことは、優勝のための「十分条件」だ」という仮定から、〈大一番〉の前の段階でのFC東京の状況について、次のことがわかりました。

（1）〈大一番〉の対戦相手以外のチームに対しては、4以上の勝点差をつけている。
（2）〈大一番〉の対戦相手に対しては、1以上の勝点差をつけている。

次に考えるのは、この状況で、〈大一番〉に勝つことが優勝のために「必要」だ、ということがありうるかどうかです。それが「必要」だということは、もしも〈大一番〉で引き分け以下だと、優勝の可能性がなくなる、ということです。直観的な言い方をすると、これは、優勝をめぐって「切羽詰まった」あるいは「後がない」状況にある、ということです。しかし、いま述べた状況は、「現在、単独首位だ」ということですから、優勝に最も近いわけで、「切羽詰まって」「後がない」状況ではなく、〈大一番〉に勝つことは、優勝のための必要条件ではありません。その詳しい理由は、以下の通りです。

FC東京が〈大一番〉で引き分けた場合を考えます。つまりここからは、「〈大一番〉に勝つことは、優勝のための「十分条件」だ」という仮定と共に、「〈大一番〉は引き分けであった」という仮定も加えた（つまり、二つの仮定をもつ）「仮定からの推論」となります。

まず、〈大一番〉の対戦相手以外のチームを考えましょう。右の（1）により、〈大一番〉の前、つまり残り2試合の段階で、東京はそれらのチームに対して、4以上の勝点差をつけていました。もしも東京が〈大一番〉で引き分けたとしても、最終戦に勝てば、最後の2試合で勝点を4積み増すことになります。すると最終的には、それらのチームの残り2試合の段階での勝点よりも、8以上多い勝点を得る可能性があるわけです。しかし、それらのチームが最後の2試合で積み増すことができる勝点は、最大でも6なので、東京が最終戦に勝った場合には、それらのチームは東京に追いつけません。

では、〈大一番〉の対戦相手はどうでしょうか？　上の（2）により、対戦相手は〈大一番〉の前の段階で、東京よりも勝点が1以上少なく、もし〈大一番〉が引き分けになると、勝点差は変化しないので、同じ勝点差のまま、それぞれの最終戦を迎えることになります。したがって、最終戦で東京が勝てば、〈大一番〉の対戦相手もやはり、東京に追いつくことはできません。

こうして、「〈大一番〉で引き分けた」という仮定の下でも、もし最終戦に勝てば、東京に追いつけるチームはないので、東京は優勝します。したがって、「〈大一番〉で引き分けた」という仮定の下でも、東京が優勝する可能性が残るのです。

ここまでが、「〈大一番〉に勝つことは、優勝のための「十分条件」だ」、および「〈大一番〉は引き分けであった」という、二つの仮定をもつ「仮定からの推論」でした。その結論は、「東京が優勝する可能性が残る」ということです。そうすると、「〈大一番〉に勝つことは、優勝のための「十分条件」だ」という一つの仮定だけをもつ「仮定からの推論」の結論として、「もし〈大一番〉で引き分ければ、東京が優勝する可能性が残る」という条件文を主張することができます。その条件文からさらに、「〈大一番〉で勝つことは、優勝のための「必要条件」ではない」という結論が導けます。こうして、この「仮定からの推論」によって、この結論が出せることがわかったので、何の仮定もなしに、「もし〈大一番〉に勝つことが、優勝のための「十分条件」であるならば、それは、優勝のための「必要条件」ではない」という条件文を、主張することができます。

かなり複雑な話になりましたが、このようにして、最後から二つ目の試合に勝つことが、優勝するための「十分条件」である場合には、それが同時に優勝するための「必要条件」になることは、ありません。それゆえ、最後から二つ目の試合に勝つことが、優勝のための「必要十分条件」になることは、ありえないのです。ここまでが、「長い例文」でした。

もっと前の試合、つまり、最終戦までいくつもの試合を残した段階での試合では、それに勝つことが優勝のための必要十分条件になることは、ますますありえません。詳しい話は省略しますが、早い段階で「勝つことが優勝の十分条件」の（つまり、優勝を決める可能性がある）試合になるということは、「ダントツ」状態だということであり、仮にその試合に負けても、まだまだ余裕で優勝の可能性が残るのです。「少しだけヒント」は、これで終わりです。

というわけで、最終戦だけを考えればよいのです。そこで、最終戦で勝つことが、優勝のための「必要十分条件」になることが、ありうるかどうかを考えます。最終戦で1位と2位が勝点で並ぶと、得失点差が入ってきて面倒なので、勝点で並ぶことのない例を考えましょう。

答えはわかりましたか？　そうです。そのような場合はありえます。次のような場合が、その例になります。

最終戦、1位と2位の直接対決になりました。1位の浦和レッズと2位のFC東京との勝点差は1です。（2でもOK。）FC東京は2位なので、浦和を相手に引き分け以下では浦和に追いつけず、優勝できません。したがって、勝つことは優勝のための「必要条件」です。そして、もし勝ったならば、勝点3を得て、しかも浦和は負けて勝点が増えないので（そのために「直接対決」が重要なのです）、勝点で東京が浦和を上回り、優勝が決まります。こうして、「1位のチームと勝点差1または2で2位であり、最終戦で1位のチームとの直接対決となった場合」というのが答えになりそうですが、それでよいでしょうか？

お気付きの読者もおられるでしょうが、もう一つ条件があります。後ろから追いかけてくるチームとの関係です。もしも3位（さらに4位、5位、……）のチームが、最終戦の前の段階で、勝点で東京に並んでいて、得失点差のためにこのような順位になっていたのだとしたら、それらのうちのどこかのチームが、最終戦で大量得点して勝った場合、得失点差で東京を抜き、しかも東京が浦和を破ったおかげで（もし東京が負けていれば、優勝は浦和）、優勝をさらっていく、ということがありうるのです。そこでもう一つの条件は、「3位のチームの最終戦前の勝点は、東京より少ない」ということです。そうすれば、3位（以下）のチームが勝ったとしても、東京も勝てば、東京に追いつくことはできません。したがって、勝つことは優勝のための十分条件でもあります。

こうして、「1位のチームと勝点差1または2で、2位のFC東京が、3位のチームに勝点差をつけた状態で、1位との直接対決の最終戦を迎えたとき」には、その試合に勝つことが、東京が優勝するための「必要十分条件」になるわけです。かなり長い話になってしまいました。しかし、リーグ戦の終盤は、必要条件や十分条件について考える問題の宝庫です。

**練習問題3-1**

（1）J1リーグで残り3試合となった時点で、首位の横浜F・マリノスと2位のFC東京が、他のチームに大きな差をつけて優勝を争っているとします。（つまり、他のチームのことは無視して構いません。）そのとき、「残り3試合のうちの2試合に勝つことが、FC東京が優勝するための「必要条件」であるが、しかし全部勝つことは「必要条件」ではない」と言えるのは、どのような場合であるかを答えなさい。ただし、複雑さを避けるために、残り3試合には、横浜と東京の「直接対決」はないものとします。

（2）同じく、J1リーグで残り3試合となった時点で、今度は、首位のFC東京と2位の横浜F・マリノスが、他のチームに大きな差をつけて優勝を争っているとします。（やはり、他のチームのことは無視して構いません。）そのとき、「残り3試合のうちの2試合に勝つことが、FC東京が優勝するための「十分条件」であるが、しかし1試合に勝つことは「十分条件」ではない」と言えるのは、どのような場合であるかを答えなさい。ただし（1）と同じく、残り試合に「直接対決」はないとします。

## 3・2 因果関係と相関関係

「因果関係」とか「原因と結果」ということばは、よく聞く、なじみのあることばでしょう。飛んできた石がガラスに当たったことが、ガラスが割れた原因であり、お酒を飲み過ぎたことが、肝臓病になった原因である、といった話はよく聞きます。しかし、「相関関係」（あるいは「相関」）というのは、あまりなじみのないことばかもしれません。しかし、ものごとを「論理的」に、そして慎重に考えるときには、かなり大事な役割を果たすことばです。例を挙げて説明しましょう。

肺がんがどのくらいの確率で発症するかを、喫煙者と非‐喫煙者とに分けて調べたところ、喫煙者の方が非‐喫煙者よりも確率が高かったとしましょう。つまり、喫煙者の方が、非‐喫煙者よりも肺がんになりやすい傾向がある、ということです。そのとき、喫煙と肺がんの発症とは「相関（関係）がある」、あるいは「正の相関がある」と言います。反対に、喫煙者の方が非‐喫煙者よりも肺がんになる確率が低い場合には、「負の相関がある」と言います。そして、それらどちらでもない場合、つまり、喫煙者と非‐喫煙者とで、肺がんになる確率が等しいときには、喫煙と肺がんの発症とは「統計的に独立である」と言います。

相関関係は、次のように二つの「量」の間の関係としても言われます。つまり、Aという量が大きいほどBという量も大きい傾向があるときには、AとBの間には正の相関があり、逆に、Aという量が大きいほどBという量が小さい傾向があるときには、AとBの間には負の相関がある、という言い方です。これらも、上に挙げた量的でない場合とほとんど同じことなので、ここでは主に、量的でない場合を取り上げることにします。

以上が、「相関（関係）」と「統計的に独立」の定義ですが、現実問題としては、喫煙と肺がんの発症との間には、「正の相関」があると言ってよいでしょう。そして多くの人は、そこから直ちに、「だから、喫煙が肺がんの原因だと言えるのだ」と考えがちなのではないかと思います。おそらく実際、喫煙が肺がんの原因である（つまり、喫煙のせいで、肺がんになる確率が高くなる）ことは、確かでしょう。そして多くの場合、AとBとの間に正の相関があれば、AとBとの間には、何らかの因果関係があります。しかしここで重要なのは、正の相関があれば必ず因果関係がある、とは言えない、ということです。

現在では、タバコの煙の成分が人体の様々な部分にどのような影響を与えるか、とか、がんの発生メカニズムとかについて、たくさんのことが知られていて、そのような知識に基づけば、喫煙が肺がんの原因であることは、揺るがないことでしょう。しかしもし仮に、この分野で知られていることが、「喫煙と肺がんとの間には正の相関がある」ということだけだとすれば、喫煙が肺がんの原因であるということ以外にも、その相関関係が生じる別の可能性があるのです。（形式的には、逆に「肺がんが喫煙（習慣）の原因である」という可能性も考えられるでしょうが、ここでは、喫煙習慣が肺がんに時間的に先立つと仮定し、このような逆の可能性は考えないことにします。）

前に触れたことのある（35ページ）「共通原因による相関」が、その可能性の一つです。

そこで取り上げたのは、「気圧計の数値が下がる」ことと、「雨が降り始める」こととの間の関係でした。前者は後者に対して「認識根拠」（≠証拠）にはなるけれど、厳密に言えば「存在根拠」（≠原因）ではない、ということです。間もなく雨が降り始めるのは、低気圧が近付いてきたからであって、気圧計という機器の中に雨を降らせる仕掛けがあって、それが原因で雨が降り始めるわけではありません。この例では、「低気圧が近付いてきた」というできごとが、「気圧計の数値が下がる」というできごとと「雨が降り始める」というできごととの両方に「共通の原因」になっています。そのために、たくさんの事例を調べてみれば、「気圧計の数値が下がる」こ

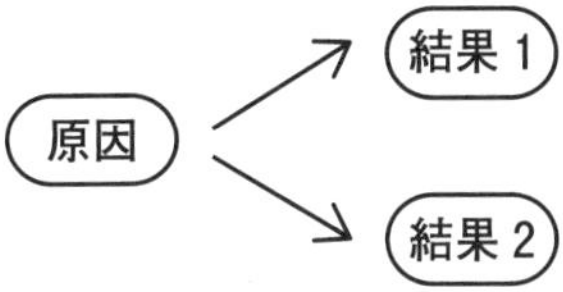


共通原因

とと「雨が降り始める」こととの間に、相関関係があることがわかるのです。これが、「共通原因による相関」です。

父親がハゲだと息子もハゲになる傾向がある、というのも、共通原因による相関の例です。このように、ある性質が「遺伝」することによって生じる相関は、親がもっている、その性質を生じさせる遺伝子が「共通原因」となって、一方では親自身にその性質が生じ、他方では子供に一定の確率でその遺伝子が伝わり、それによって子供にもその性質が生じやすい、ということで、相関が起こるわけです。父親の頭髪状態としての「ハゲ」そのものが、息子のハゲの「原因」（感染源？）であるわけではありません。

喫煙と肺がんとの間にも、それらの間の相関関係だけしか知られていないとしたら、同じような筋書きを考えることができます。これはまったく空想的な例ですが、ある遺伝子があって、その遺伝子をもっている人は、タバコを吸いたくなる傾向があり、そしてまた同時に、生まれつき肺がんになりやすい傾向がある、としましょう。一つの遺伝子が、複数の異なる働きをすることは、よくあることです。この場合、その遺伝子をもっている人は、喫煙者になる傾向と肺がんになる傾向とを併せもつことになり、その結果として、社会全体の中で、喫煙と肺がんとの間の正の相関が生ずる、という可能性が考えられるのです。

この場合、喫煙と肺がんとの間には、「相関関係」はありますが、「因果関係」はありません。もしも喫煙が肺がんの「原因」であるならば、肺がんになりたくない人は、がんばって禁煙の努力をすることによって、肺がんになるリスクを下げることができるでしょう。しかし、遺伝子という「共通原因による相関」の場合には、いくらがんばって禁煙をしても、既にその遺伝子をもっている以上、禁煙によって肺がんになるリスクを下げることは、できません。これが、因果関係と、因果関係ではない相関関係との、最も重要な違いです。

いまの例は、まったく空想的なシナリオにすぎません。しかし一般的に言って、相関関係が見つかったとき、そこからすぐに因果関係を推論したくなる場合が多いのですが、そのような推論は直ちにはできない、ということは重要です。例えば、次のような例も考えられます。

中学生と高校生について、視力と成績との関係を調べてみたところ、視力の弱い生徒は成績がよく、視力の強い生徒は成績があまりよくない傾向がある、ということがわかったとしましょう。視力の強さと成績との間に、「負の相関」があったわけです。（これは、量的な相関の例と言えます。）そこから、次のように推測する人がいるかもしれません。視力が弱いと、色々なものがよく見えないために、想像力を働かせて自分で様々な可能性を考えてみる習慣が身に付くから、思考力が向上して、成績がよくなったのではないか、と。

もしこの推測が正しいとしたら、視力の弱さが「原因」となって、よい成績をもたらしたことになります。しかし実際によく調べてみると、生徒たちの中には、たくさんの本を読み、たくさん勉強をする者がいて、彼らはそのために視力が下がってしまったが、同時に学力が向上した、ということがわかるかもしれません。その場合には、「たくさんの読書と勉強」という「共通原因」によって、視力の弱さとよい成績との間の相関関係が生じたのであって、視力の弱さとよい成績との間には、因果関係がない、ということになります。もしそうであれば、がんばって長時間テレビを見続けて、視力を落とす「努力」をしても、それによって成績がよくなることはないでしょう。

逆に、「因果関係がないならば、相関関係もないはずだ」と決めつけるのも、危険です。「ナマズが暴れると地震が起こる」という話を、聞いたことがありませんか？「そんな話は非-科学的な俗説にすぎない」と思っている人が、多いと思います。実際に「非-科学的な俗説」である可能性もあるのですが、もしかするとそうでもないかもしれない、と考えている人たちもいます。人々がこれを「非-科学的な俗説」と見なすとき、その理由は、「だって、ナマズが暴れるくらいで地震が起きるはずないじゃないの」といったことではないでしょうか？ そう考える人は、ナマズが暴れることは地震の「原因」にはならないだろう、と考えているわけで、それはまったく正しいでしょう。しかし、「ナマズが

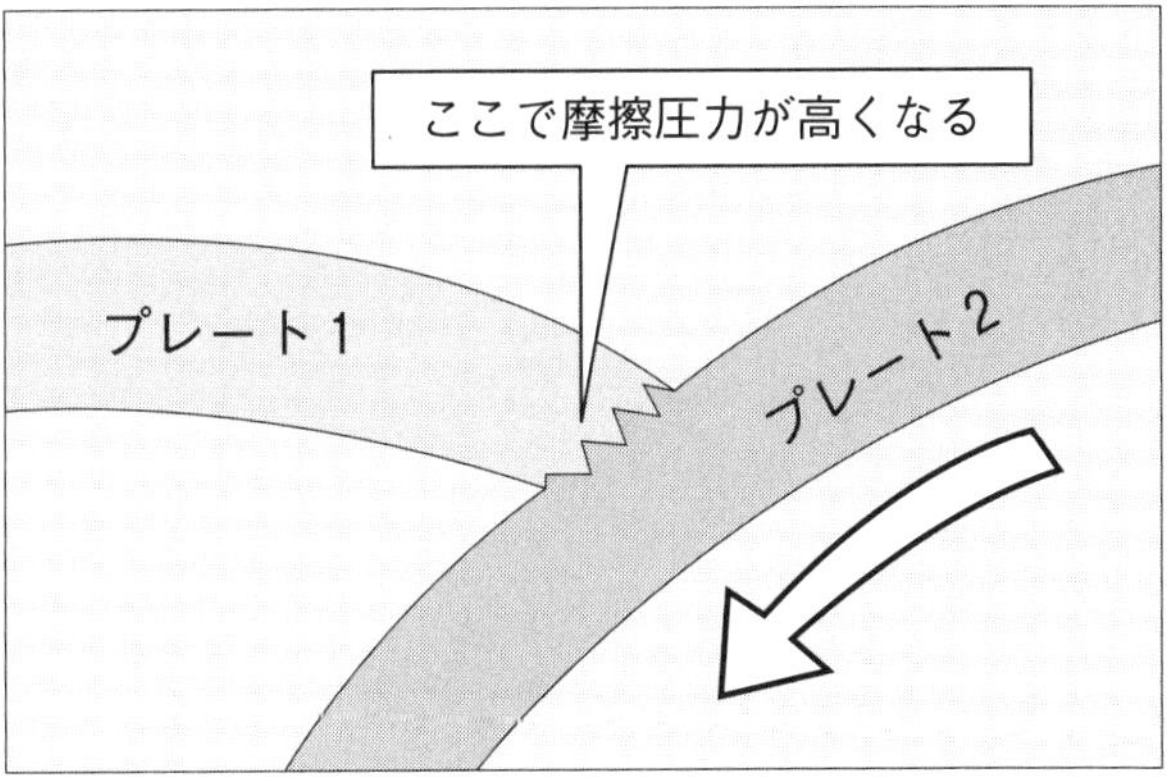

プレートの動きによる摩擦圧力

暴れると地震が起こる」と言うときに言われているのは、暴れるナマズと地震との間に（正の）「相関関係」がある、ということだけであって、それらの間に「因果関係」があるとまでは、言われていません。そしてここにも、「共通原因による相関」を考える可能性があるのです。

大地震の主な原因は、地下の奥深くで「プレートがずれる」ことだと考えられています。「プレート」とは、大陸などを載せた岩石の板で、それがゆっくりと動くことによって、長い時間をかけて、陸地の位置や形が変化したり、ヒマラヤ山脈が隆起したりしてきたと考えられています（プレート・テクトニクス）。そして、一つのプレートの下に別のプレートが潜り込もうとしている場所で、プレート間の摩擦圧力が次第に強くなって、支えきれなくなったためにポコッとずれるとき、地震が起こる、というわけです。東日本大震災も、日本列島が載っているユーラシアプレートと北米プレートの下に、太平洋プレートが潜り込んでいる場所で、そのような「プレートのずれ」が起こることで発生しました。

そして、地震とは全く無関係にわかっていることとして、「圧電効果」というものがあります。それは、ある種の鉱物に圧力をかけると、電圧が発生する、という現象です。この現象は、スイッチを押すとカチャッと火花が出てガスに火がつく「チャッカマン」とか、ガスコンロやライターの点火装置（圧電素子）として、広く使われています。そして、プレートもまた鉱物です。すると、プレートのずれによって大きな地震が起こる直前には、プレートという鉱物に巨大な摩擦圧力がかかっているので、もしもその鉱物が、圧電効果を起こすような種類のものであったならば、そこには巨大な電圧が発生していることが考えられます。その電圧によって生じた電流でナマズが「感電」すれば、きっとナマズは暴れるでしょう。

もしもこのシナリオが正しいとしたら、「プレート間の摩擦圧力」が「共通原因」となって、一方ではナマズが暴れ、他方では地震が起こることになります。そして、地震が起きた後には摩擦圧力はなくなり、したがって電圧も消えるので、ナマズが暴れるのは、地震が起こる前だけでしょう。こうして、「ナマズが暴れると地震が起こる」という「共通原因による相関関係」が、考えられるわけです。

このシナリオが本当に正しいかどうかは、もちろん、色々な要因（プレートは、圧電効果を生じるような種類の鉱物なのか、地下何十キロもの深い場所で生じる電圧で、ナマズが住む地表近くにどれだけの電流が流れうるか、等々）を詳しく調べてみなければわかりません。しかし、「ナマズが暴れるくらいで地震が起こるはずはないのだから、「ナマズが暴れると地震が起こる」などというのは、まるで非-科学的な俗説だ」と直ちに断定する人は、相関関係と因果関係とを直結してしまう誤りを犯している、と言うことはできるでしょう。

相関関係の発見から因果関係を推論したくなるときの、共通原因による相関とは別の注意すべき場合として、「間接的な因果」とでも呼ぶべきものがあります。例えば、温泉によく入る人は肝臓病になりやすい傾向がある、ということがわかったとしましょう。そのときまず疑ってみたくなるのは、温泉には肝臓によくない成分が含まれているのではないか、といったことでしょう。しかし実際には、温泉の成分には何の問題もなく、ただ、温泉によく入る人は、その後どうしてもお酒を飲みたくなるために、肝臓を悪くする人が多いのだ、という可能性もあるでしょう。この場合、たしかに「温泉に入る」ことが「原因」で「肝臓病になる」と言えるかもしれませんが、その間に「お酒を飲む」という項目が入り、詳しく見ると、「温泉に入る」ことが「原因」となって「お酒を飲み」、それが原因で「肝臓病になる」という、間接的な因果関係になっています。このように、相関関係があるとき、そこに因果関係もあったとしても、それが「間接的」であって、思いのほか広い範囲の「想定外」の事柄に及ぶこともあるのです。

次の二つの例も、同じような「間接的な因果」の例です。（1）スマホゲームを好む子供は成績がよくない、という相関関係があり、スマホゲームが子供の目や脳に与える影響が、成績がよくないことの原因かと推測したが、実際にはそうではなく、スマホゲームを長時間やりすぎるために、勉強をする時間がなくなることが原因であった。（2）所得の高い人は自動車事故を起こす確率が低い、という相関関係があり、その原因は、所得の高い人は気持ちに余裕があるとか、仕事でよい結果を出して高給を得るだけの注意深さがあるといった、「人の特性」かと思ったら、実際にはそうではなく、所得の高い人は高級な自動車を買い、高級な自動車には様々な安全装置が付いているので、そのおかげで事故が少ない、ということであった。

最後に、「因果関係」があっても「相関関係」がないという、少し不思議な例を挙げておきましょう。共通原因による相関は、ＡとＢの間に相関関係があるのに、ＡとＢの間には因果関係がない、という事例でした。そして反対に、ＡとＢの間に因果関係がある（例えば、ＡはＢの原因である）のに、ＡとＢとの間に相関関係がない場合が——かなり例外的とはいえ――ありうるのです。次の例は、ナンシー・カートライトという科学哲学者が考案したものです。

あるコミュニティーの成人全員について、喫煙者かどうか、定期的に運動をしているかどうか、心臓病を患っているかどうかの3点を調査した結果、表のようなデータが得られました。この表では、全部で8行のうちの上半分は喫煙者、下半分は非‐喫煙者を表わし、次にそのそれぞれのうちの上半分は、定期的に運動をしている人、下半分はしていない人を表わし、そして最後にそのそれぞれについて、上は心臓病を患っている人、下は患っていない人を表わしています。先の3点のそれぞれについてイエス／ノーに分けて、そのすべての組み合わせを考えると$2^3=8$になり、それをこの表で表わすことができます――記号論理学の「真理表」（真偽表）を知っている人には、なじみのある表かもしれませんが、少し趣旨が違います。一番右側の数字は、それぞれに分類される人の割合（%）です。（縦に8個を全部足すと、100になります。）例えば3行目は、喫煙者で定

| 喫煙 | 運動 | 心臓病 | % |
|---|---|---|---|
| ○ | ○ | ○ | 5 |
| ○ | ○ | × | 25 |
| ○ | × | ○ | 20 |
| ○ | × | × | 0 |
| × | ○ | ○ | 0 |
| × | ○ | × | 10 |
| × | × | ○ | 25 |
| × | × | × | 15 |

期的な運動をしておらず、心臓病を患っている人は、全体の20％であることを表わしています。

さて、まずこの表から、喫煙者と非‐喫煙者がどちらも全体の50％であることがわかります。上半分と下半分の数値をそれぞれ足すと、どちらも50になるからです。次に、それぞれの中で「心臓病」に○がある数値を足すと、どちらも25になります。これは、喫煙者と非‐喫煙者それぞれの中で心臓病を患っている人は、どちらもコミュニティー全体の25％だということです。したがって、喫煙者だけの中での心臓病患者の割合と、非‐喫煙者だけの中での心臓病患者の割合とは、どちらも25/50＝0.5（50％）となり、喫煙と心臓病との間には相関関係がない（統計的に独立）、ということになります。

これは、人が架空のコミュニティーについて勝手に作った表なので、それだけでは何の不思議もないのですが、しかしこの表は、ある見方をすると、喫煙と心臓病との間の相関を表わしている表なのです。その「ある見方」とは、定期的に運動をしている人と、そうでない人とに分けて考えてみる、ということ、「場合分け」とか「論理的分割」とか呼ばれる技法です。定期的に運動している人（1、2、5、6行目）とそうでない人（3、4、7、8行目）に分け、そのそれぞれにおいて、喫煙と心臓病との間に相関がないかどうかを調べてみましょう。

運動をしている人では、喫煙者（1、2行目）はコミュニティー全体の30％で、そのうち心臓病患者（1行目）は全体の5％なので、喫煙者が心臓病を患っている割合は、5/30＝1/6です。それに対して非－喫煙者（5、6行目）は全体の10％で、そのうち心臓病患者（5行目）は0％なので、非－喫煙者が心臓病を患っている割合は0です。こうして、運動をしている人だけを取り出すと、喫煙と心臓病との間に正の相関があることになります。運動をしていない人についても、いまと同じように、喫煙と心臓病との関係を調べてみてください。

結果は出ましたか？　喫煙者（3、4行目）は全体の20％で、そのうち心臓病患者（3行目）も全体の20％なので、喫煙者は全員心臓病を患っている、つまりその割合は100％です。それに対して非－喫煙者（7、8行目）は全体の40％で、そのうち心臓病患者（7行目）は25％なので、非－喫煙者が心臓病を患っている割合は、25/40＝5/8です。こうして、運動をしていない人についても、喫煙と心臓病との間に正の相関があることがわかりました。

このように、表全体を見ると相関がないのに、「場合分け」してみると、どちらの場合にも相関がある、というのは、どういうことでしょうか？　ここでは仮に、喫煙は心臓病の発症確率を高くする「原因」であり、定期的な運動はその発症の確率を低くする原因である、という自然な仮定の下で考えてみましょう。表全体を見て相関を調べたときは、心臓病の確率を高くする要因と低くする要因とが入り混じっている中で、その一方である喫煙と、心臓病との相関を調べていたわけです。実はこの表では、喫煙者が運動をしている割合は30/50＝3/5（60％）であるのに対して、非‐喫煙者が運動をしている割合は10/50＝1/5（20％）と、喫煙者の方が非‐喫煙者よりも、運動している人の割合が圧倒的に高くなっています。その結果、喫煙による心臓病の確率の上昇が、いわば運動による抑制効果によって抑えられ、そのために、全体としては相関が現われていなかったのです。

それに対して「場合分け」をしたときには、喫煙者と非‐喫煙者の両方を、「運動している」という同じ条件、および「運動していない」という同じ条件の場合に分けることによって、喫煙と非‐喫煙との比較に、運動という「攪乱要因」が入り混じることを防いだのです。それによって、いわば「本来の」相関関係が見出されました。もちろん運動以外にも、飲酒とか睡眠時間とか仕事の種類とか、様々な「攪乱要因」がありうるので、「本来の相関」を見付けることは、実際にはかなり難しく、専門的な仕事になります。しかしいずれにせよ、「全体の割合」だけを見ていたのでは、「本来の相関」を見落とす（あるいは過小評価する、あるいは逆に過大評価する）可能性があることは、注意しておくべき点でしょう。

**練習問題3－2**　「共通原因による相関」と「間接的な因果」の例（架空の例でよい）を、いくつか考えてみなさい。

## 3・3　「割合」を考える

私たちは、日常生活においても、企業活動や科学研究などにおいても、色々なものごとを色々な仕方で量的に考え、量的に取り扱っています。「今朝、牛乳を200cc飲んだ」、「東京都の今日の新型コロナウイルス感染確認者数は、216人だった」、「トヨタ自動車の昨年の生産台数は800万台で、一昨年よりも7%増加した」、といった具合です。そして、ものごとの量的な扱い方には、数や量をそのまま扱う場合と、「割合」を考える場合とがあります。また場合によっては、それらを組み合わせるような形で、考えることもあります。前節最後で取り上げた、心臓病についての統計的調査もそうでした。この節では、そうした場合に思わぬ勘違いが起こりやすいこと、そしてそれを避けるために注意すべき点は何か、などについて考えることにします。

まず、何かの数や量は、ものの「絶対的」な多さ（あるいは少なさ）であるのに対して、「割合」は、常に他の何かとの比較で言われる「相対的」なことだ、という点に注意しましょう。先ほど挙げた「トヨタ自動車の昨年の生産台数は、８００万台で、一昨年よりも7％増加した」という文の中で、「7％増加した」という部分は、一昨年の生産台数との比較で、昨年の生産台数を特徴づけています。「大学進学率」は、高校（中等教育学校後期課程を含む）現役卒業者の中で、大学に進学した人の割合です。このような「割合（比）」を考えることによって、例えば、規模の違うライバル・メーカーとの経営状態の比較、「数」としての「世代人口」は年々減少する中で、大学に進学しようとする「傾向」に変化があるかどうか、規模の違う他の国との、「大学教育普及度」の違いなどを、知ることができるわけです。それが、「割合」を考えることのポイントです。

しかし、「他の何かとの比較」は、様々な形で行なうことができるので、様々な形の割合を考えることができ、それはそれで便利なのですが、少々注意が必要な場合もあります。例えば、新型コロナウイルスの感染者数について、次のような発表が、ときどき行なわれています。

日本全国の今日の感染者は、50代が5％、60代以上が7％なのに対して、20〜30代は

50％に上る。

この言明で意図されているのは、今日の感染者全体の中で、50代の人が占める割合は5％、60代以上の人が占める割合は7％、……ということだと言ってよいでしょう。しかしもう一つ、それほど不自然とは言えない別の読み方があります。それは、50代の人全体の中で、今日感染した人の割合は5％、60代以上の人全体の中で、今日感染した人の割合は7％、……という読み方です。一つ目の読み方（それを「読み1」と呼びましょう）では、右の言明は、今日の感染者全体の中での「世代別内訳」、つまり、感染者全体を100％として、その中で各世代がどれだけの割合を占めているか（占有率）を示しています。それに対して二つ目の読み方（「読み2」）では、この言明は、各世代を別々に考えて、それぞれの世代における感染者の割合（それを、各世代の「感染率」と呼びましょう）を示しています。「読み1」では、仮に今日の日本全国の感染者総数が1000人だったとすると、その中で50代の人は50人、60代以上の人は70人、20〜30代の人は500人ということです。それに対して「読み2」では、例えば1700万人くらいいる50代の人たちのうち、その5％にあたる85万人が今日感染し、20〜30代の人たち2700万人ほどのうち、その半分の1350万人が今日1日で感染したという、とんでもない話になります。

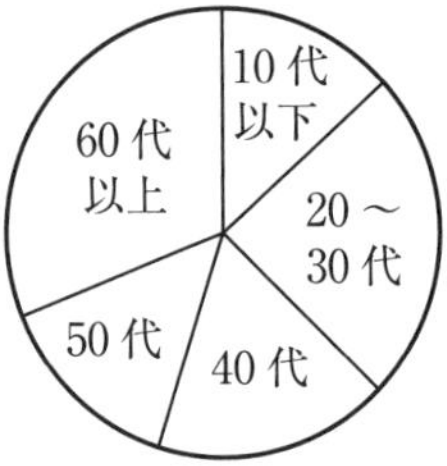


占有率
（世代別内訳）

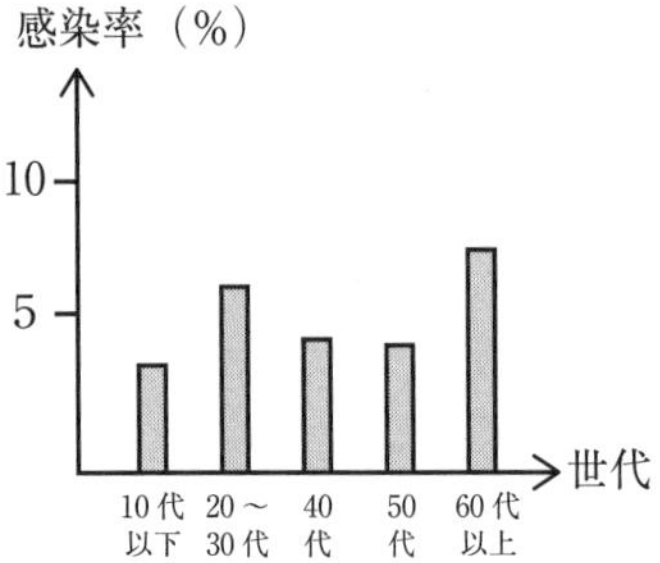


世代別感染率

この例では、私たちがこれまでに得ている情報に照らして、「読み2」では「とんでもない話」になるということがわかるので、「これは違うな」ということに気付くのですが、私たちがあまり情報をもっていないような話題については、そのような判断ができず、どのように読めばよいのかわからない、ということもありえます。特に、二つの読み方が可能であることに書き手が気付いておらず、自分が意図している一方の読み方で読まれるに違いない、と思い込んでしまっているような場合（それが結構多いのです）に、そのような悲劇的（喜劇的?）なことが起こります。

ただし、この例ではすべての年代が挙げられてはいないのですが、もしも（10代以下、20~30代、40代、50代、60代以上、といったように）すべての年代を網羅するようなデータが与えられていれば、「読み1」では、それらの合計は必ず100%（それぞれが近似値なので、

「約」１００％）になるはずです。したがって、もしも合計が１００％とはかけ離れた値になっていたならば、正しい読み方は「読み１」ではなく「読み２」だ、と言えます。しかし、合計が約１００％である場合には、「読み２」でも、たまたま合計が１００％になることはありうるので、残念ながら確定的なことは言えません。だから大事なことは、書き手の側が紛れのない書き方をすることです。もし読者の皆さんが、このような種類の報告を書く立場になったならば、「感染者は50代が……％」ではなく（これだと、「感染者の中で50代は……％」（占有率）と「50代の中で感染者は……％」（感染率）の両方の読み方が可能です）、「感染者全体の中での50代の割合は……％」というような、紛れのない書き方をするように、心掛けてください。

　このような、異なる比較によって得られる異なる意味をもつ割合や、その割合が表わす数については、その大小関係や、時間的な変化としての「増減」にも、注意する必要があります。例えば、「読み１」で読んだときの先の報告が正しいとしたとき、つまり、そこに提示された割合が、各世代の「占有率」を表わすとした場合、占有率としての割合は、60代以上（７％）の方が、50代（５％）よりも大きいわけですが、そのことから、各世代の「感染率」も、60代以上の方が50代よりも大きいはずだ、と言えるでしょうか？　それは言えませんね。（先を読む前に、なぜそう言えないのかを、考えてみてください。）たしかに

「占有率」は、60代以上の方が50代よりも大きい（したがって、感染者の「数」も、60代以上の方が50代よりも多い――その理由を説明してみましょう）のですが、占有率は各世代の感染者数だけによって決まるのに対して、各世代の「感染率」は、各世代の感染者数だけでなく、「世代人口」にも依存するために、例えば60代以上の世代人口が、「団塊の世代」を含んで非常に多い（50代の世代人口の7/5以上の）場合、60代以上の感染率は、50代の感染率よりも小さくなるのです。

では、「増減」はどうでしょうか？　先ほどの発表の翌日、50代の「占有率」が、前日より減ったとしましょう。そのとき、50代の「感染率」も減ったはずだ、と言えるかどうか、あるいは、50代の感染者「数」が減ったと言えるかどうか、考えてみてください。どちらも言えませんね。先ほどの発表の翌日、もしも感染者全体の数が急に増えたならば、「占有率」が下がったとしても、感染者「数」が減ったとは限りません。増えた可能性もあります。そして、50代の世代人口は、1日でそれほど大きく変わることはないでしょうから、もし感染者「数」が増えたならば、50代の「感染率」も、増えたでしょう。このように、異なる種類の割合や、それらが表わしている数については、その増減が一致しないことがしばしばあるので、注意しなければなりません。

ここまで、「新型コロナウイルス感染者」ばかり取り上げてきましたが、もちろん、他の話題についても、同じような事情が成り立ちます。例えば、男性と女性について、自動車運転免許の所持者の割合を考えるとき、「運転免許所持者の割合は、男性が60％、女性が40％だ」という言い方だと、運転免許所持者全体の「男女別内訳」（運転免許所持者全体のうち、60％が男性で、40％が女性）なのか、それとも、男性と女性それぞれについての、運転免許「所持率」（ここでは、運転免許の取得が可能な年齢の人たちだけを考えましょう。そのような男性のうちの60％、女性のうちの40％が免許を所持）なのかが、わかりません。しかもここでは、割合の和が１００％になっていますが、たしかに現在では、免許「所持率」は、男性も女性ももっと高く、その和は１００％を超えているでしょうが、30年前ならば、「所持率」だとしても「とんでもない話」ではない数値です。ですからます「紛れのない書き方」が重要になるのです。

**練習問題3－3**　コロナや運転免許の例を参考に、今年の高校卒業者の中で大学に進学した者の男女の割合について、男女別「内訳（占有率）」と、男女別「進学率」を、どのように書けば紛れがなくなるかを、答えなさい。

運転免許の例では、「内訳（占有率）」と「所持率」との大小の比較は、どう考えるべきでしょうか？「内訳」としての割合が男性の方が大きければ、所持者の「数」も男性の方が多いと言えます。そして通常であれば、男性人口と女性人口とはほぼ同じなので、「所持率」としての割合も、男性の方が大きいと推測できます。また、女性の平均寿命が男性より非常に長くなったり、戦争があって成人男性がたくさん戦死したりして、その結果、女性人口が男性人口を大きく上回ったとすれば、「内訳」が男性の方が大きい場合、男性の所持率もますます女性より大きくなるでしょう。しかし逆に、何らかの理由で女性人口が男性人口よりかなり少ない場合には、「内訳」は男性の方が大きいとしても、「所持率」はどちらの方が大きいかは、別途調べてみなければわからないことになります。

**練習問題3-4**　先に述べたように、「大学進学率」とは、高校（中等教育学校後期課程を含む）現役卒業者の中で、大学に進学した人の割合です。ある年、その10年前と較べて、大学進学者「数」は減少したのに、「大学進学率」は上昇する、という事態が起こりました。「18歳人口」や「高校進学率」などの要因に、何が起こるとそういうことになりうるか、いくつかの可能なパターンを挙げなさい。

「割合」に関してもう一つ、気を付けておくべきことがあります。それは、何かの「数」

についての情報が与えられたとき、ある程度常識的な前提の下では、何らかの思いがけない「割合」についての推論ができる場合がある、ということです。もちろん、例えば成人男性の人口（という「数」）と、その中での喫煙者の「数」とが与えられれば、割り算をすることによって、成人男性の喫煙率という「割合」が、簡単な計算結果として「推論」できます。しかしここで取り上げるのは、そのように直接的な場合ではなく、もっと間接的で、うっかりしていると見落としてしまうような場合です。例えば、「カナダと米国とでは、毎年、銃を使わない殺人事件の件数が、ほぼ同数である」という情報が与えられたとき、そこから何か、割合について推論できることがあるでしょうか？　これは少し唐突すぎるかもしれないので後回しにして、まずは、もう少し単純な例から考えましょう。

二つの自動車会社、A社とB社を取り上げます。それらの会社は規模が大きく異なり、自動車の年間生産台数は、A社が３００万台、B社が60万台です。そして、昨年1年間に発生した「欠陥車」の「数」が、A社とB社とでほぼ同じであったという情報が得られました。さて、このことから何を推論することができるでしょうか？　これはそれほど難しくはないでしょう。欠陥車の「発生率」（という「割合」）が、B社はA社の約5倍だ、ということです。B社には、品質管理上の問題がありそうです。

次に、先ほどの例を考えてみましょう。

「カナダと米国とでは、毎年、銃を使わない殺人事件の件数が、ほぼ同数である」という情報が得られたとします。でも、この情報だけからでは、何も推論できそうもありません。しかしこの情報に、先に触れた「ある程度常識的な前提」とか、容易に調べられる他の情報を付け加えて考えれば、この二つの国の殺人事件の特徴について、何かが帰結しそうな気がしませんか？

もしかすると意外と思われるかもしれませんが、カナダと米国（アメリカ合衆国）とでは、社会の規模が非常に大きく違います。社会の規模は、ほぼ人口によって決まると考えてよいでしょう。現在ではインターネットを使って、各国の人口を簡単に調べることができます。米国の人口は約3億3000万人なのに対して、カナダの人口は、わずか約3700万人です。カナダの人口は米国の約1/9なのです。先ほどの「情報」は、これだけ規模の違う二つの国で、あるもの（銃を使わない殺人事件）の数がほぼ同じだ、ということでした。

一般的に言って、非常に規模の違う二つの集団（国家、都道府県、自動車会社、その他）で、何かの「数」が（ほぼ）同じだということは、何かの「割合」が大きく異なる、ということを示唆しています。この点を、頭に入れておいてください（「欠陥車」の例は、その単純な一例です）。いまの例で言えば、殺人事件に関する何かの割合です。少し無理のある仮定ですが、仮に、カナダと米国とで、「治安のよさ」は同じ程度だと仮定してみましょう。（もっと現実的な事情は、後で考えます。）しかし、「治安のよさ」とは何でしょうか？重大な犯罪の「件数」の少なさでしょうか？　しかし、規模の大きな社会では、どうしても、規模の小さい社会よりも多くの犯罪が起こるでしょう。米国社会の規模は、カナダの約9倍です。すると、米国とカナダで治安のよさが同じだということは、米国は、犯罪という観点でカナダと同じような社会を、9個合わせたようなものだ、と考えるべきでしょう。すると、9個それぞれの「カナダ」で、本当のカナダと同じだけの犯罪が起こる、と考えてよいでしょうから、「件数」としては、米国はカナダの9倍になるでしょう。つまり、「治安のよさ」とは、犯罪の「件数」で決まるものではなく、人口（社会の規模）に対する犯罪件数の「割合」で決まるものなのです。

さてそうすると、治安のよさが同じという仮定の下では、米国ではカナダの約9倍の殺人事件が起こるでしょう。そして、先ほどの「情報」、すなわち、「カナダと米国とでは、毎年、銃を使わない殺人事件の件数が、ほぼ同数である」という情報が正しいとすると、そこから何が言えるでしょうか？　次ページの図を見てください。2本の横向きの棒グラフは、カナダと米国の殺人事件全体の数を表わしています。米国がカナダの9倍です。そして、左端の斜線の部分は、「ほぼ同数」と言われている、「銃を使わない殺人事件」の件

カナダと米国の殺人事件比較

数です。したがって、棒グラフの残りの白い部分は、それぞれの国における「銃を使った殺人事件」の件数を表わすことになります。すると、斜線の部分は最大でもカナダの殺人事件全体を超えることはありえないので、米国の棒グラフのうち、少なくとも8/9（≒89%）は、白い部分です。つまり、先ほどの情報は、（治安のよさが同じという仮定の下で）米国の殺人事件のうち、少なくとも89%（つまり、ほぼ9割）以上は銃によって引き起こされている、ということを意味していたのです。

だいぶ長い話になりましたが、「治安のよさが同じ」という少々非現実的な仮定をやめにして、カナダと米国の治安状態はどうなのか、インターネットで調べてみましょう。先ほど、「治安のよさ」とは、人口（社会の規模）に対する犯罪件数の「割合」で決まるものだ、ということを述べましたが、しかしそれにしても、どのような種類の犯罪を、どのような仕方で集計したらよいのかなど、治安のよさを直ちに数値化することは、容易なことではありません。そこで、ここでは話題が「殺人事件」なので、人口あたりの殺人事件件数の統計を調べてみましょう。

私が調べてみたのは、Global Note というサイトの「世界の殺人発生率国別ランキング・推移」というページです。（https://www.globalnote.jp/post-1697.html　2022年10月5日閲覧。）ここには、世界各国の人口10万人あたりの年間殺人事件件数（2020年）が載っています。それによると、米国は6・52件、カナダは1・97件で、米国がカナダの約3・3倍です。この数値を見ると、米国の方がカナダよりもだいぶ治安が悪い、と判断できるでしょう。ちなみにこの統計によると、日本の数値は0・25で、カナダの約1/8、米国の約1/26です。日本はやはり、非常に「治安のよい」国だと言えます。

さて、米国がカナダの約3・3倍という数値は、それほど急激に変化するものではないと仮定して、両国の年間殺人事件総数を比べると、米国がカナダの9×3.3≒30倍となります。すると、先の図の米国の棒グラフが、カナダの9倍から30倍に伸びて、そこから出てくる結論は、米国の殺人事件のうち、29/30、つまり約97%以上が、銃による殺人だということになります。この結論は、カナダにおける殺人事件のうち、銃によるものの割合がどのくらいであるかには、よりません。カナダの棒グラフの斜線部分は、0でもよいし、全部でもよいのです。つまり、仮にカナダでは、殺人事件に銃が使われることがほとんどない、あるいはまったくないとしても、先ほどの「情報」からは、米国での殺人事件では、ほとんどすべてで銃が使われている、という結論が出てくるのです。

これが、前に述べた「非常に規模の違う二つの集団（ここでは、米国とカナダの殺人事件）で、何かの「数」が（ほぼ）同じだということは、何かの「割合」が大きく異なるということを示唆している」一つの事例です。

**練習問題3－5**　「非常に規模の違う二つの集団で、何かの「数」が（ほぼ）同じだということは、何かの「割合」が大きく異なるということを示唆している」事例（架空でもよい）を、もう一つ考えてみなさい。

最後に、割合の違いや増減をどう表現するか、という点について、ひとこと注意をしておきます。例えば、内閣の支持率が50％から40％に下がったとき、引き算をすると、10％下がったことになります。しかし、「50％から10％下がった」と言うと、「50％の10％（1割）は5％だから、45％になったのだな」と考える人が出てきても、不思議ではありません。割合ではない数や量の増減や違いの場合には、それを「差」で表現するか「割合」で表現するかで、「単位」の違う言い方（例えば人数であれば、「人」と「％」）になるのですが、割合の増減や違いの場合には、どちらも割合の単位（例えば「％」）になってしまうのです。そこで、「％」で表現された割合（率）の増減や違いを「差」で表現するときには、

「ポイント」という単位を使うのが、現在の日本ではかなり一般的になっています。先ほどの内閣支持率の場合には、「10ポイント下がった」と言い、A国の大学進学率が45%でB国のそれが50%であれば、「B国の方が5ポイント高い」と言うわけです。

これはかなり一般的な慣習のようですが、「金利」だけは例外で、日銀が金利を年0・5%から0・25%に引き下げることを、「0・25ポイント引き下げる」ではなく、「0・25%引き下げる」と表現する報道機関が、多いようです。(「ポイント」と表現する報道機関もあります。)なぜそう表現するのか、詳しい理由は知りませんが、「0・25%引き下げると、0・5%の0・25%は0・00125%だから、0・5%から0・00125%を引いて、0・49875%にするわけだな」と、計算をする人はいないだろう、と考えたのかもしれません。その考えは、たぶん正しいでしょう。

## 3・4 多義性

第1章で、「理由」には、認識根拠としての理由と存在根拠としての理由とがあり、「理由」ということばは「多義的」なのだ(27ページ)、という話をしました。あることばが「多義的」であるとは、同じことばが文脈によって異なる意味をもつ、ということです。

そして、「多義性」にはかなり意識的な注意が必要であり、これは「論理的に考える」ときの一つの重要なポイントです。もしも一つの推論の道筋の途中で、ある多義的なことばの使い方を、一つの意味から別の意味へと変化させてしまうと、筋の通った正しい推論にはなりません。これを「多義性の誤謬」と呼びます。

私は、多義性にはかなり「意識的な注意」が必要だと考えているのですが、その理由は、ともすると人は、同じことばが使われていると、ついつい同じことが言われていると思いがちだ、ということです。このことを私は、「ことばに引きずられる」と呼んでいます。

私自身にも、次のような個人的な経験があります。私は現在、次に述べるように、「理由」のみならず、「自由」ということばも多義的だと考えていますが、そのことに気付いたのは、60代半ばになってからでした。ひとたび気が付いてみると、本当に「あたりまえ」のことと思えるのに、「なぜこの歳になるまで気付かなかったのか」と、「ことばに引きずられていた」ことに、かなりのショックを受けました。

「自由」には、少なくとも三つの、区別すべき異なる意味があると思います。一つは、「能力としての自由」とでも呼べるような意味です。人間には、ある限られた範囲内で、何をするかを自分で選び、自分で決めることができる、そのような能力としての「自由」がある、ということです。哲学者たちは、もしこの世界の自然法則が「決定論的」であるとしたら、つまり、ある時刻における世界全体の状態が決まると、その後のどの時刻における世界全体の状態もただ一つに決まってしまうような法則が、成り立っているとしたら、果たして人間に「自由」は本当にあるのか、といった問題を考えたりしますが、そのときに意図されているのが、「能力としての自由」です。私が生まれる前の世界のあり方によって、私の身体の動き方（それも、「世界全体の状態」に含まれます）が決まってしまうとしたら、何をするかを「自分で選び、自分で決める能力」など、本当にあるのか、という問題です。（これは今日でも、非常に難しい哲学的問題だと思っています。ちなみに、20世紀前半に「量子力学」が登場するまでは、この世界の自然法則は「決定論的」だと、考えられていました。）

2番目に、「日本国民は日本国憲法によって《職業選択の自由》を保障されている」と言うときには、「能力としての自由」ではなく、「権利としての自由」が話題になっています。日本国民には、どの職業に就こうとするのかを自分で選び、自分で決める権利がある、ということです。そして、「能力」と「権利」とは、「証拠」と「原因」と同様、まったく別の事柄だと言えるでしょう。能力があっても権利がないこと（例えば、ロックされていない他人の自転車を、勝手に乗り回すこと）や、権利があっても能力がないこと（例えば、陸上競技の選手が100メートルを5秒で走ること）は、たくさんあります。また、奴隷制の社会では、奴隷と自由市民とで、「能力としての自由」はあまり変わりがないのに、「権利としての自由」は非常に違う、ということがありえます。

そしてさらに、「自由」にはもう一つ、「生き方としての自由」があると思います。ドイツの哲学者カントは、本能的な欲求に従って生きている人は、本能に「支配」されているので「自由」ではない、と言いました。このとき話題となっている「自由」は、「能力としての自由」でしょうか？　それとも「権利としての自由」でしょうか？　どちらでもないでしょう。カントは、本能的な欲求に従って生きている人は、それ以外の生き方をする「能力」がない、と言っているわけではないし、何かの「権利」がないとも言っていません。そうではなく、その人がどういう生き方をしているか、「自由な生き方」をしているか、を問題にしているのです。能力や権利は、発揮したりしなかったり、行使したりしなかったりすることができます。つまり、能力や権利自体は「可能性」を述べているだけです。それに対して「生き方」は、現にどう生きているのかという「現実性」の問題なのです。したがってこれは、先の二つの意味とは異なる、「自由」の三つ目の意味と言ってよいでしょう。

このように、日頃あまり意識することはないかもしれませんが、「自由」ということばにはいくつもの異なる意味があり、どの意味での「自由」が問題となっているのかを間違えると、話がすれ違ったり、混乱したりすることになります。例えば、「(人間以外の)動物には自由があるか?」という問いは、動物には「能力としての自由」があるのかどうかを尋ねる問いかもしれないし、あるいは、「アニマル・ライツ(動物の権利)」としての自由を認めるべきかどうかの問いかもしれません。二人の対話者が別々の取り方をしていたら、対話は混乱するだけになってしまうでしょう。

日常的に使われていることばの中には、他にも、かなり多くの多義性があると思います。例えば「意識」はどうでしょうか? 「意識を失う」とか「意識不明」と言うときの「意識」は、通常は睡眠時や全身麻酔時以外、ずっとわれわれがもち続けている心的な経験、とでも言えるものでしょう。見える、聞こえる、感じる、といった経験の全体です。それに対して、「かどのパン屋で昨日から店番をしているかわいい女の子に、つい意識が向いてしまって……」というときの「意識」は、「注意が引き付けられる」、「注意を向ける」と言うときの「注意」に近い意味でしょう。

こう説明している間に出てきた、「経験」とか「注意」ということばも、多義的ではありませんか? 「経験」には、意識に与えられるものという(もしかするとやや特殊な)意味の他に、「やってみたこと」といった意味もあります(「新聞配達を経験した」)。「注意」はどうでしょう? 自分で考えてみましょう。

「期待」とか「基本的」ということばには、かなり微妙な多義性があって、注意（！）が必要ではないかと、私は思っています。統計で言う「期待値」などの場合の「期待」は、「こうなるだろう」という（客観的な）予測であるのに対して、「あまり子供に期待しすぎてはいけない」と言うときの「期待」には、「ああなってほしい、こうなってほしい」という、ある種の「願望」が含まれているように思います。（ただし、客観的な予測の意味での「期待」も、「願望」を含まないとはいえ、望ましくないことについては――例えば「この夏は、かなり高い確率で深刻な水不足が期待される」といったようには――使われないようです。）よくアンケート調査で「……に期待しますか？」という質問がありますが、回答者が「期待」をどちらの意味で受け取るかによって、異なる質問になってしまい、それらを一緒に集計しても、意味がないことになりかねません。だからアンケートでは、「希望しますか」、「予想しますか」などの別の表現を使った方がよいのではないかと思います。

また、「基本的」ということばについても、「これは基本中の基本なのだから、決して変えてはいけない」と言うときと、「これが基本的な形で、そこからさらに、音楽の「主題と変奏」のように、色々な発展形（それは「基本的」な形とは異なる）がある」と言う場合では、少し意味が違うでしょう。

さらに、自分の母語以外の言語を考えてみると、多義性が際立って見て取れることがあります。例えば、英語の“life”を考えてみましょう。“life”を日本語に訳すとき、私たちは文脈に応じて、「生命」、「生活」、「人生」、「一生」などと、いくつかの異なることばを使い分けています。つまり、日本語ではいくつかのことばを使い分けるところで、英語では（おそらく、ヨーロッパの多くの言語で事情は同じだと思います）“life”一つで済ませているわけです。「人生」と「一生」とは、かなり近い概念と言えるでしょう。（それでも、互いに完全に置き換え可能ではありません。50年くらい前にはやった「藤圭子の夢は夜開く」という歌謡曲の歌詞に、「15、16、17と、私の人生暗かった」という部分があるのですが、ここでの「人生」を「一生」に置き換えることは、できません。）しかし、「生命」と「生活」とは、相当隔たりの大きな概念のように思えます。「生命」とは、動物と植物とが共有する、生殖とか代謝のような自然現象のパターンであるのに対して、「生活」とは、朝起きて顔を洗い、ご飯を食べて仕事や学校に行く、というようなことです。そこで例えば、「植物には生命はあるが、生活はない」と、日本語で言うのは簡単ですが、英語でそれを言うためには、かなりの工夫が必要でしょう。“Life”は、かなり多義的なことばです。

このように、日常的に使われているたくさんのことばが、注意深く考えてみると多義的であり、「多義性の誤謬」を避けるためには、その点に気を付ける必要があります。そして、少し意識的に注意してみれば、新しい多義性を発見することも、できるかもしれません。例えば「結果」ということばについて、原因と結果、実験（調査、試験、試合）の結果、計算の結果などの間に、意味の違いがないかどうか、考えてみるのもいいでしょう。

なお、「多義的」なことばと、「包括的」なことばとの違いには、注意しましょう。「多義的」なことば、例えば「理由」は、「認識根拠」か「存在根拠」かの、どちらかの意味で使われるのであって、同時に両方の意味で使われることは、原則としてありません。（なぜ「原則として」なのかは、次の段落で説明しますが、あまり気にしなくても結構です。）それに対して、「包括的」なことば、例えば（動物と植物を「包括」する）「生物」は、常にその両者（すべて）を意味します。英語の例で言うと、先に述べたように、〝life〟は「多義的」ですが、〝museum〟は「包括的」です。〝museum〟は、日本語では「博物館」であったり「美術館」であったりしますが、〝museum〟は、文脈によってどちらか一方だけを意味するのではなく、それらを「包括的」に意味しており、個々のmuseumは、〝museum of …〟という形で、どういう種類のmuseumであるかを表示しています。〝museum of modern art〟（近代美術館）とか、〝museum of natural history〟（自然史博物館）とかいった具合です。日本語で「大英博物館」と呼ばれるBritish Museumは、その多くの部分が「博物館」ですが、少しだけ、「美術館」と呼ぶべき部分もあります。日本語では、「博物館」と「美術館」を「包括」するような表現はありませんが、強いて言えば、「常設展示館」といったところでしょうか？（そうすると、自動車や家具のショールームも含まれてしまいそうで、少し困ります。もっと適切な表現を、考えてみてください。）"museum"の語源はギリシア語で、「ミューズ（ムーサ）の神殿、学芸の場所」といった意味です。

先ほど、多義的（この場合は「二義的」）なことばは、「どちらかの意味で使われるのであって、同時に両方の意味で使われることは、原則としてありません」と言いましたが、そこで「原則として」と言ったのは、次のような例外的な言い方が、ありうるからです。「AはBの、両方の意味での理由だ」、ということはありえますが、そこに出てくる「理由」は、文字通り「両方の意味」で使われています。しかしこれは、「認識根拠としての理由であると同時に、存在根拠としての理由でもある」という言い方――傍点を付けた二つの「理由」は、どちらも、どちらか一方の意味で使われています！――の省略であり、「例外」として扱う、ということです。

最後に、最近見つけた「多義性の誤謬」の実例を挙げておきます。大変興味深いある本（小林武彦『生物はなぜ死ぬのか』講談社現代新書、２０２１年）の中に、色々な動物の「寿命」がどのくらいなのか、という話が出てきます。単細胞生物である酵母の3日から、ゾウの80年まで、体の大きさや構造などによって様々な長さの「寿命」があるのですが、ヒト以外の霊長類（サル）については、「体が大きい種類ほど長生き」という傾向があり、

「野生の状態では、マーモセットは10年、山で見かけるニホンザルの寿命は20年、ゴリラ・チンパンジー・オランウータンは40年くらい」だと言われています（同書、114ページ）。そして、それらをヒトの寿命と較べてみようということになるのですが、そこでは、「旧石器～縄文時代（2500年前以前）には、日本人の平均寿命は13～15歳だったと考えられています。……この時代のヒトの平均寿命が他の霊長類（サル）よりも短いのは驚きです」と、述べられています（118～9ページ）。

　ここで、何か「おや?」と思いませんか? たしかに、ヒト（ここでは日本人）の平均寿命が13～15年しかなかったというのは驚きですが、「平均寿命」というのは、実際に生きた年数の平均のことでしょう。それに対して、その前に話題になっていた、色々な動物の「寿命」とは、病気や事故や、他の動物に食べられてしまったりで「早死に」するのではなく、「天寿を全う」したら何年生きるか、ということです。著者自身、この話を始めるにあたって、生物の「二つの死に方」について、次のように述べています。「生き物の死に方には大きく分けて2つあります。一つは食べられたり、病気をしたり、飢えたりして死んでしまう「アクシデント」による死です。……もう一つの死に方は、「寿命」によるものです。こちらは、遺伝的にプログラムされており、種によってその長さが違います」（85ページ）。ここで言われている「寿命」は、「天寿」のことと言ってよいでしょう。

いたのです。

この意味での「寿命」について、先に引用したように、何種類かのサルの例が挙げられて

　すると、先ほどの、旧石器～縄文時代の日本人の「平均寿命」と、その前のサルの「寿命」とは、まったく別のことだ、ということになります。実際、著者は、２５００年以上前の日本人の「平均寿命」が短かったことの説明として、「環境に左右され生活が安定していなかったこと、狩猟での事故死、そして何より病気や栄養不足による乳幼児の死亡率が非常に高かったために、平均の寿命は短くなります」と述べていますが、ここで言う「寿命」とは、遺伝的にプログラムされた「天寿」ではなく、「アクシデント」によって短くなってしまう、「実際に生きる期間」のことでしょう。こうして、同じ「寿命」ということばが使われることによって、「ことばに引きずられ」てしまい、（ある時期の）ヒトの「寿命」は、他の霊長類の「寿命」よりも短かった、という結論へと、「多義性の誤謬」を犯す推論をしてしまったのです。

「ことばに引きずられる」というのは、この本の著者のように、日本遺伝学会の会長を務められた著名な生物学者にも起こりうる、「ふとした勘違い」なので、かなり意識的な注意が必要だと思うわけです。

## 3・5　否定詞「……ない」の使い方

「この紙は白くない」と言えば、「この紙は白い」を打ち消した（否定した）ことになる、ということは、小学校に入る前から知っていたことと言ってよいでしょう。（「否定」ということばは、知らなかったかもしれませんが。）しかし、「否定」の表現については、気を付けなければならないことが、ときどきあります。ここでは二つの点を取り上げることにします。一つは、「すべて（皆、全部、……）」や「いくつか（何人か、何本か、……）」についての否定、もう一つは、「……すべきではない」というような場合の否定です。

一つ目の、「すべて」や「いくつか」についての否定は、記号論理学の勉強をしたことのある人にはなじみ深いものでしょうし、そうでない人にとっても、高校の英語や漢文の授業で、「部分否定」とか「全部否定」といったテーマで、学んだことだと思います。（忘れてしまった人は、この後を読んで思い出してください。）

「すべての学生が出席した」という言明を、そのまま否定の形にすると、「すべての学生が出席しなかった」となりますが、これは、論理的な意味で、前の言明の「否定」となっているだろうか？　というのが、ここで取り上げる問題なのですが、「論理的な意味での否定」とは何か、など、前もって説明しておく必要があります。

言明Bが言明Aの「論理的な意味での否定」であるとは、Aが真のときにはBは偽、Aが偽のときにはBは真となること、つまり、いつでもAとBの真偽が逆になっている、ということです。それは、「Bが言っているのは、「Aは間違っている」ということだ」と言い換えることもできます。そして、ある特定の紙についての「この紙は白くない」という言明は、「この紙は白い」という言明の、論理的な意味での否定になっています。後者が真のときには前者は偽、後者が偽のときには前者は真です。（ただし、「この紙」と呼ぶべき紙が存在しないときには、前者も後者も――真とか偽とか言う以前に――言明として成立していないものと考えて、そのような場合は無視することにします。）ところが、上の学生の例では、出席した学生もいたが、出席しなかった学生もいた場合、「すべての学生が出席した」という言明も、「すべての学生が出席しなかった」という言明（全部否定）も、どちらも偽になってしまいます。したがって、後者は前者の「論理的な意味での否定」にはなっていないのです。

学生の出席状況は、次のように大きく三つに分けることができます。（1）すべての学生が出席した、（2）出席した学生としなかった学生との両方がいた（どれだけ出席して、どれだけ出席しなかったかによって、様々な場合がここに含まれます）、そして、（3）すべての学生が出席しなかった、の三つです。「すべての学生が出席した」という言明は、（1）の場合だけ真で、（2）と（3）の場合は偽となります。したがって、その言明の「論理的な意味での否定」は、（1）の場合だけ偽で、（2）と（3）の場合は真となるような言明です。そしてそれは、「すべての学生が出席したわけではない」（部分否定。これは、「「すべての学生が出席した」は間違っている」に近い言い方です）、あるいは、「出席しなかった学生がいた」（存在言明）となります。「すべての学生が出席しなかった」という言明は、（3）の場合だけ真で、（2）の場合には真とならないので、「論理的な意味での否定」にはならないのです。

　ただし、次の点に注意してください。「すべての学生が出席したわけではない」とか、「出席しなかった学生がいた」という言い方をするのが自然なのは、（2）の場合だけであって、（3）の場合、つまり誰も出席しなかったときには、このように言うのは、かなりミスリーディングな言い方です。「誰も出席しなかったのなら、そう言いなさいよ！」と言われても、仕方ないでしょう。しかし、「それでは（3）の場合には、「すべての学生が出席したわけではない」とか、「出席しなかった学生がいた」という言明は偽なのか？」と問われたら、何と答えますか？　誰も出席しなかったときには、「すべての学生が出席した」わけではありません。そして、「出席しなかった学生」が、確かにいたでしょう。

それらの言明は、偽ではないのです。したがって、真なのです。そのような意味で、これらの言明は、(2)と(3)のときは真で、(1)のときだけ偽、と考えるわけです。このように理解した上で、「すべての学生が出席しなかった」(全部否定)と、「すべての学生が出席したわけではない」(部分否定)との違いに、注意しましょう。部分否定は、全部否定が真のときにも、真になります。

「論理的に考える」ときには、「論理的な意味での否定」が重要です。例えば、「すべての学生が出席した」という言明が間違っている、とわかったとき、それならば「すべての学生が出席しなかった」という言明が正しいのだ、とは言えません。言えるのは、論理的な意味での否定である「すべての学生が出席したわけではない」が正しい、ということです。「論理的な意味での否定」というのは長ったらしいので、これ以後それを、〈否定〉と書くことにしましょう。

では次に、「いくつかのリンゴが腐っていた」の〈否定〉は、どうなるでしょうか?ただしその前に、「いくつか(何人か、……)」について、少し注釈が必要です。一つだけしか腐っていなかったときや、すべてのリンゴが腐っていたときにも、「いくつかのリンゴが腐っていた」と言ってよい(それは真である)のか、という問題です。これは、先ほどの「ミスリーディング」な言い方と似た問題で、迷ってしまったり、人によって意見が分かれたりするかもしれません。そこで、ここでは、論理学の通常のやり方にならって、一つだけ腐っていた場合や、すべて腐っていた場合も、「いくつかのリンゴが腐っていた」と言ってよい（それは真である）、という約束で、「いくつか（何人か、……）」という表現を使うことにします。言い換えると、この言明は、「腐ったリンゴが（少なくとも一つ）あった」（存在言明）と同じことを言っているものと、考えるわけです。

さてそうすると、「いくつかのリンゴが腐っていた」の〈否定〉は、どうなるでしょうか？　これも、そのまま否定の形にすると、「いくつかのリンゴが腐っていなかった」になりますが、それでよいでしょうか？

「リンゴの腐敗状況」も、学生の出席状況と同様、大きく三つに分けることができます。(1) すべてのリンゴが腐っていた、(2) 腐ったリンゴと腐っていないリンゴとの両方があった（どれだけが腐っていて、どれだけが腐っていなかったかによって、様々な場合がここに含まれます）、そして、(3) 腐ったリンゴが一つもなかった、です。先ほどの約束に従えば、「いくつかのリンゴが腐っていた」は、(1) と (2) の場合に真、(3) の場合に偽となります。したがってその〈否定〉は、(3) の場合だけ真で、(1) と (2) の場合は偽となるような言明です。それは、(3) そのままの「腐ったリンゴは（一つも）なかった」（存在の否定）、あるいは、「すべてのリンゴが腐っていなかった」（全部否定）と表現できるでしょう。

「すべて」と「いくつか」はここまでにして、次に、「……すべきではない」のような表現を考えることにしましょう。

ここでも〈否定〉、つまり、「論理的な意味での否定」が重要です。「……すべきではない」は、形の上では、「……すべきだ」を否定しているように見えます。しかしそれは〈否定〉になっているでしょうか?（そもそも「……すべきだ」とか「……すべきではない」といった事柄について、「真」とか「偽」とか言えるのか――言えないとすると、先ほどの〈否定〉の定義が使えません――ということを問題にする哲学者もいますが、いまは哲学の話をしているわけではないので、「言える」ということにしておきましょう。）さてここでも、何かを「すべき」かどうか（「すべき状況」？）について、三つの場合を考えることができます。（1）すべきである、（2）してもよいし、しなくてもよい、（3）してはいけない、の三つです。（ここでは、「すべきである」と「しなければならない」との間の微妙な区別は、無視します。）そして、「……すべきだ」が真であるのは、（1）の場合だけです。だから、「……すべきだ」の〈否定〉は、（1）の場合に偽、（2）と（3）の場合に真となります。ところが、「……すべきではない」の最も自然な理解は、「……してはいけない」と、あるいは、少し奇妙な言い方ですが、「……しないべきである」と同じことを言っている、という理解ではありませんか？　誰かがあなたに、「そんなことはすべきでないよ」と言ったとしたら、あなたは、「してはいけない」と言われたと思うでしょう。すると、それが真であるのは、（3）の場合だけです。こうして、「すべての学生が出席した」と「……しなかった」のときと同じように、（2）の場合、つまり、すべきかすべきでないかについて「中立的」な場合には、「……すべきだ」も「……すべきではない」も偽になってしまうのです。言うなれば、「……すべきではない」は、〈否定〉（そこには「中立的」な場合も含まれる）を飛び越えて、「反対の主張」に行ってしまうのです。

　では、「……すべきだ」の〈否定〉は、どのような言明でしょうか？　どうも、すっきりした自然な言い方はないようです。強いて挙げれば、「……すべきだとは言えない」くらいでしょうか。（これも、「「……すべきだ」は間違っている」に近い言い方です。）

　このように、そのまま否定の形にした言明が、中立的な場合を含む〈否定〉を飛び越えて、反対の主張に行ってしまうような表現は、「……すべきではない」以外にも、色々とあります。例えば「望ましくない」というのは、「望ましい」の〈否定〉（そこには、望ましさについて中立的な場合も含まれる）を飛び越えて、「避けるべきだ」という反対の主張と取るのが、自然な理解でしょう。「そんなことはしたくない」と言う人は、「したい」の〈否定〉（そこには、「してもいいけど、しなくてもいいよ」という、中立の場合も含まれる）を飛び越えて、「しないことを欲する」と言っているのです。「それは体によくない」も同様でしょう。

「ない」ではなく「不」を使った表現にも、似たような場合があります。「不愉快」というのは、「愉快」の〈否定〉（そこには、愉快さについて中立的な場合も含まれる）を飛び越えて、「嫌悪」となり、「不利益」は、利益がないだけでなく、「損失」と理解するのが一般的でしょう。

**練習問題3-6**　このように、そのまま否定の形にすると、〈否定〉を飛び越えて反対の主張に行ってしまう表現の、他の例を考えてみなさい。

そして、特に気を付けなければならないのは、自然な理解の仕方が、人々の間で必ずしも一致していない場合も、あるように思えることです。これは、私自身の昔々の（高校生のときの）経験なのですが、あるとき英語の授業で、「人類の進歩」をめぐる文章が出てきました。そのとき先生が、「君たちは人類の進歩を信じるか？」と尋ね、「信じる人」、「信じない人」と、手を挙げさせました。クラスの大部分の生徒は「信じる」方に手を挙げたのですが、私を含めた二、三人が、「信じない」方に手を挙げました。私が「信じない」方に手を挙げたのは、（それほど深く考えたわけではありませんが）特に人類が進歩すると信じるべき理由はない（進歩するかもしれないし、しないかもしれない）、と思ったからです。高校生の頃の自分が、それほど「あまのじゃく」であったという自覚はありません。

しかしその後、先生との議論（というほどの議論ではないのですが）がどうも嚙み合わず、何かすれ違いになっているように感じました。そのときは、特にそれ以上考えることはしなかったのですが、だいぶ（何年か）後になってふと気付いたのは、「あのとき先生は、「人類の進歩を信じない」というのは、「人類は進歩しないと信じる」ことだ、と理解していたのではないか」ということでした。いまとなっては、「議論」の具体的な内容はまったく思い出せませんが、そう考えると、辻褄が合ったのだと思います。私自身は、「……と信じない」を「……でないと信じる」と理解することは、まったく予想しなかったことなので、ひどく驚いたことを覚えています。私にとっては、「人類の進歩を信じない」は、「人類の進歩を信じる」の〈否定〉なのですが、先生にとっては、それは、〈否定〉を飛び越えて「反対の主張」だったらしいのです。もしも誰かが、「人類は進歩しないと信じる」と言うのであれば、なぜそう信じるのか、その理由（認識根拠）を、是非とも聞きたくなるでしょう。しかし私としては、人類の進歩を信じる理由は特にない、と思っていただけなので、その理由を話す必要があるとは、まったく思っていなかったのです。皆さんにとって、「自然な理解の仕方」はどちらでしょうか？　あるいはまた、「神の存在を信じない」は、「神は存在しないと信じる」ことでしょうか？

これは、どちらかの理解の仕方が「間違い」だ、ということではなく、人によって理解の仕方が違う、ということのように思います。そのような場合は、相手がどのように理解しているのかを確認しないと、互いに誤解したままになる可能性があります。私はそれを、身をもって経験しました。（その先生は、数年前に亡くなりました。）

そして、もしかすると「……と信じない」を「……でないと信じる」と理解するかどうかは、人によって違うだけでなく、「……」に入る内容によっても変化するかもしれないと、私は思っています。「人類の進歩」よりも「神の存在」の方が、そのように理解される可能性が高いように感じます。しかしこのあたり、詳しいことは私にもよくわかりません。

また、「人によって理解の仕方が違う」わけではないけれど、うっかりすると取り違える、といった場合もあります。「新型コロナウイルスの感染が確認されなかった」ということと、「……感染していないことが確認された」ということとは、あるいは「「決定論は正しい」と言える根拠はない」ということと、「「決定論は正しくない」と言える根拠がある」ということとは、注意深く考えれば、おそらく誰もが「別のことだ」と考えるでしょう。しかし、うっかりしていると混同しかねないので、気を付けましょう。

**練習問題3-7**　「……と信じない」や「感染確認」、「決定論の根拠」の例について、前に出てきたそれぞれ三つの「学生の出席状況」や「すべき状況」と類比的な、それぞれ三つの「人類進歩の信念状況」、「感染確認状況」、「決定論の根拠状況」はどうなるかを、答えなさい。

# 第4章

# 推論を評価する

いよいよ最終章です。この本では、「論理的思考力」の強化を目指して、色々な話をしてきました。論理的思考力、つまり、「論理的に正しく推論する力」を強化するために最も重要なのは、よい推論（正しい推論）とよくない推論（間違った、あるいは欠点のある推論）とを見分ける力、推論の正しさを「評価」する力です。これまでに取り上げてきた様々な話題――理由や推論の分類と整理（第1章）、推論の構造把握（第2章）、注意すべきポイントの確認（第3章）など――はすべて、そのための準備作業でした。この最終章では、これまでの準備作業を踏まえて、推論の正しさを「評価」する力の強化に、取り組むことにします。

しかし、推論の「正しさ」とは何であるのかは、推論の種類（認識根拠を与える推論と、存在根拠を与える推論）によって、異なります。繰り返し述べてきたように、認識根拠を与える推論の正しさとは、結論を（そこで目指している確実さの程度において）十分に論証できていることであるのに対して、存在根拠を与える推論の正しさとは、結論に述べられている事態に対する、正しい「生成の道筋」を与えていることです。（「仮定からの推論」の場合には、もしその仮定が正しいとすれば、……論証できている（仮定からの認識的推論）、または、もしその仮定が正しいとすれば、……正しい「生成の道筋」を与えている（仮定からの存在的推論）ことです。）

そこで、それら2種類の推論を別々に扱うわけですが、「認識根拠を与える推論」の評価こそが、クリティカル・シンキングの最も中心的な課題と考えられるので、読者の皆さんには、一番最後にその課題に挑戦してもらうことにして、その前に、「存在根拠を与える推論」の評価を、手短に取り上げておくことにしましょう。

## 4・1 存在根拠を与える推論の評価

これも前に述べたことですが（32〜34ページ）、存在根拠を与える推論にも、さらに分類すれば、既に成り立っているとわかっている事実に対して、それがなぜ成り立っているのかを「説明」するような推論と、未来のできごとや、これまで知られていなかった一般法則などを「予測」する推論のうちで、その予測されている事態の「生成の道筋」をも与えている場合とがあります。そしてそのどちらについても、推論の正しさとは、「正しい生成の道筋」を与えていることだ、と言ってよいでしょう。

まず「説明」から。

説明としての推論の正しさとは、（あたりまえのことですが）「正しい説明」を与えることです。そして「正しい説明」とは、「正しい生成の道筋」です。なぜ電灯は消えたのか？「停電になったから」消えたのか、それとも「電球が切れたから」消えたのか、どちらの「説明」が正しいかは、どちらが、電灯が消えたことの「正しい生成の道筋」（ほぼ、正しい原因）を与えているか、ということです。それを知るためには、色々と調べてみたり（まわりの家の電灯はついているか？）、「実験」をしたり（テレビはつくか？）して、データを集めることが必要です。ありうる様々な「説明の候補」（停電と電球切れの他にも、「ブレーカーが落ちた」とか、「ネズミが電線をかじって断線した」など、色々と考えられます）の中で、最もよくデータと合致するもの、どのデータとも矛盾しないものが、「正しい説明」と考えられます。

なお、ここでは説明の「評価」を考えているのですが、与えられた説明を評価する場合だけでなく、自分が説明を与える場合でも、多くの場合、いまのように、いくつかの説明の「候補」の中から、「正しい説明」を選ぼうとするでしょう。それは、いくつかの候補を互いに比較して、「評価」しているということです。その意味で、説明の「評価」は、説明を与えるという最初の場面から、既に行なわれています。

さて、いまの電灯の例は、少し調べてみればわかるような、単純な例です。他の人の説明を「評価」することにも、自分で説明を与えることにも、あまり困難はないでしょう。しかし、この単純な例からでも、「説明の正しさ」をチェックするための二つのポイントを、見て取ることができます。すなわち、（1）何を説明の「候補」に含めるか、および（2）そのうちのどれを本当の説明と考えるべきか、です。

（1）の説明の「候補」とは、「もし真であれば、説明を与えると思われること」です。この例では、停電、電球切れ、ブレーカー落ち、ネズミがかじって断線、のどれも、もし真であれば、電灯が消えたことに対して「説明を与える」と言えるでしょう。これらはどれも「説明の候補」になります。3行前で、「説明を与えると思われること」と書いたのは、複雑で微妙な場合になると、真であったとしても、本当に説明を与えるかどうかがあまり定かではない、ということもあるからです。

例えば、電車の脱線事故があり、車両に残された運転記録から、脱線した時刻にはかなりのスピードが出ていたことがわかったとしましょう。そこで当初は、「運転士がスピードを出しすぎたから脱線したのだ」と説明されていたのですが、よく調べてみると、レールに歪みがあり、その歪みの方が、脱線の原因と考えられることがわかった、というような場合です。色々な調査や実験の結果、もしもレールの歪みがなければ、その程度のスピードでは脱線しないこと、そして、その歪みがあれば、それほどスピードが出ていなくても、脱線する可能性が高いことが、わかったのです。たしかに「スピードの出しすぎ」は、「説明の候補」に含めるべきものでしょう。しかしそれは、真であるのに、「本当に説明を与えるもの」ではありませんでした。

このように、多くの場合、何かが「もし真であれば、本当に説明を与えるもの」であるかどうかは、詳しい調査を必要とする微妙な問題になりえます。しかし、「説明の候補」には、「詳しい調査」は後回しにして、説明を与えるかもしれないものは、漏らさず入れておくべきでしょう。そしてそれは多くの場合、素人でも判断することができます。脱線事故であれば、スピードの出しすぎやレールの歪みの他、車両の整備不良なども考えられるでしょう。説明を評価し、正しい説明を求めるための第一歩は、「説明の候補」を、できるだけたくさん考えてみることです。「認識根拠を与える推論」では、既に正しいとわかっていることから、何を推論できるかを考えるのに対して、「説明としての推論」では逆に、既に正しいとわかっていることへと、何から推論できるかを、考えるのです。

しかし、場合によっては、「説明の候補」がまったくわからないということもありえます。そしてそこには、二つの正反対の可能性があります。一つは、手掛かりがまったくない「謎の殺人事件」のような場合です。（殺人事件の解明とは、「被害者の死」というできごとの「生成の道筋」を明らかにすることだ、と言ってよいでしょう。）被害者が、刃物で胸を刺されて死亡したことはわかっているので、誰かが殺したことは確かなのですが、誰が何のために殺したのかが、皆目わからないのです。このような場合は、例えば犯人の可能性のある人があまりに多い（ほとんど世界中のすべての人である）、とも言えます。誰が何のために殺したのかについての可能なシナリオの数が多すぎて、まったく限定ができないために、「「説明の候補」がまったくわからない」ことになるわけです。

それに対して、もう一つの可能性は、文字通り、「「説明の候補」が一つも思い付かない」ような場合です。前に（32ページ）触れた「プランクの量子仮説」においては、高温の物体が出す光の色（様々な波長の混ざり具合）が温度と共にどのように変化するかを表わす「経験法則」は、実験によってわかっていました。しかし、なぜそうなるのか、物体のミクロな構造がどのような特徴をもっていれば、そういう法則が成り立つのかが、まったくわかりませんでした。ノーベル賞クラスの何人もの物理学者たちが、散々頭を絞っても思い付かず、その「経験法則」に対する「説明の候補」が、皆無だったのです。その中でマックス・プランクは、「ああでもない、こうでもない」と様々な仮説を検討したあげくに、「エネルギーが飛び飛びの値しかとらない」という「量子仮説」が正しいとすれば、その経験法則が説明できる、という「大発見」をしたわけです。（この例は、個別的な事実の説明ではなく、経験法則という、一般的な事実の説明の例です。）

「説明の候補」が極めて少ないところでの画期的な提案としては、ダーウィンの進化論を挙げることもできるでしょう。地球上に様々な種類の生物が存在するのはなぜか？「神が様々の生物種を一つ一つ創造したからだ」という、キリスト教による説明しかなかったところに、チャールズ・ダーウィンは、「突然変異と自然選択による（多様化を伴う）進化」という、画期的な説明を提案したのです。

**練習問題4-1**　次のような事件が起こりました。なぜ起こったのか、「説明の候補」をできるだけたくさん挙げてみなさい。

（1）一棟のビルが、突然崩落した。

（2）一人の女子高校生が、突然姿を消した。

次に、「説明の正しさ」をチェックするための二つ目のポイントは、ここで考えた「説明の候補」のうちのどれが、本当に説明を与えるのか、です。電灯の例では、停電が起こったのか、それとも電球切れが起こったのかをチェックするために、まわりの家の電灯はついているか、テレビはつくかを調べました。電球切れは、（白熱電球ならば）振ってみると音がするので、わかることがあります。電灯の例では、説明の候補のうちのどれが「起こったか」が、そのまま、どれが（本当に）「説明を与えるか」と同じことになる、と言ってよいでしょう。（二つ、またはそれ以上の候補が同時に起こる、ということも、めったにないとはいえ、不可能ではありません。その場合には、どちらか一方だけを「本当の説明」（本当の原因）と言う理由はないでしょう。「それら両方が起こったこと」が、電灯が消えたことの「正しい説明」だと考えるべきでしょう。このような場合を、「過剰決定（over-determination）」と呼びます。）しかし、脱線事故の例では、「スピードの出しすぎ」は、「起こっていた」のに、「正しい説明」ではない、ということでした。

このように、説明の候補のうちのどれが起こったのか、という問いと、どれが本当に説明を与えるのか、という問いとは、必ずしも一致しません。「最近がん患者が増加しているのはなぜか？」が問題となり、その「説明の候補」となりうる色々なこと（大気や水の汚染、怪しげな食品添加物の増加、喫煙率の増加、高齢化、などなど）がすべて起こっている場合、そのうちのどれが「本当に説明を与える」のかを突き止めるためには、大々的な調査・分析が必要となるかもしれません。いくつかの要因が「複合的」に関与している可能性も、あります。増えているがんの種類、患者の居住地分布、年齢分布、喫煙歴など、多岐にわたる調査が、必要となるでしょう。

「何が起こっていたのか」についてのデータが少ない、歴史的なできごとの「説明」も、複雑な話になりえます。「明智光秀は、なぜ織田信長を討ったのか？」という問いに関心をもっている人が、結構多いようです。いわゆる「本能寺の変」です。光秀の動機を明確に示すような史料がないために、専門的な歴史研究者だけでなく、多くの「ファン」がこの問題を論じ合って（つまり、互いの説明を評価し合って）いるそうです。信長のひどい仕打ちに対する「怨恨説」、自ら天下を取ろうとした「野望説」、四国の長曽我部氏、三好氏をめぐる「路線対立説」、「朝廷黒幕説」など、様々な説が林立しており、そのうちのいくつかを組み合わせた説も、ありえます。それらについて、信長や光秀の性格、時代背景、周辺的な様々な史料などを勘案したとき、どのような動機を仮定すれば、色々な事実と整合的で、最も説得的な「説明」を与えることができるかを、競い合っているわけです。

その際の基本的な考え方は、「仮説演繹法」に近いものでしょう。つまり、まずは有力と思われる一つの説を「仮定」し、もしその仮定が正しいとしたら、そこから何が言えるかについて、既に得られている様々な史料なども動員して、できるだけ多くの「仮定からの認識的推論」（59ページ）を行ないます。そして、そこで得られた結論を、史料が支持するかどうかをチェックしてゆく、という方法です。もしもこの論争に決着がつくならば、大変興味深いことになるでしょう。

「説明」についてはここまでにして、次に、「予測」という形での存在根拠を与える推論の評価を考えましょう。

第1章で触れたように（32ページ）、科学的な「予測」をする推論の多くは、認識根拠を与えると同時に、存在根拠をも与える推論です。そのような推論は、認識根拠を与える推論としての評価（十分な論証になっているか）と、存在根拠を与える推論としての評価（正しい「生成の道筋」を与えているか）との、両方の評価を受けることになります。たしかに、予測をする推論の「正しさ」とは、まずは何と言っても、その予測が「当たる」ことだ、と言えるでしょう。ただしその「評価」は、予測された事態が起こるまで待って、当たったかはずれたかを調べるのではなく、まだ「予測」である段階で、予測されている事態に対する「十分な論証」になっているかどうかを、評価するのです。予測としての価値は、まだ予測である段階で、どれだけ信頼できると言えるかに、かかっているからです。そのような評価は、認識根拠を与える推論としての評価です。

では、予測をする推論について、存在根拠を与える推論としての正しさ、つまり、予測される事態に対して、正しい「生成の道筋」を与えているか否かが、予測の当たりはずれとは別に、重要となることはありうるでしょうか？　これはかなり例外的かもしれませんが、ありえないわけではないと思います。次のような場合を考えてみましょう。

現在までの地球環境の分析から、もしも人間がいまのような生活をそのまま続け、大量の化石燃料を燃やし続けていると、20～30年後には、かなりの地球温暖化が起こり、その結果、多くの人々に甚大な影響を及ぼすような気候変動が起こると予測され、それを食い止めるための方策が検討されています。そのような検討のためには、温暖化が起こるという予測が「十分に論証されている」かどうかだけではなく、温暖化がどのような「生成の道筋」を通して起こるのかを、正確に把握することが重要です。なぜなら、その道筋がどのようなものであるかによって、どのような対策が有効となるかが、変わってくるからです。

現在、多くの科学者たちが一致しているのは、二酸化炭素やメタンなどの「温室効果ガス」の増加によって、地上に生じた熱が宇宙空間へと拡散しにくくなることが、温暖化を引き起こす、という説です。（これはかなり画期的な話で、その基礎を築いたのは、2021年にノーベル物理学賞を受賞した真鍋淑郎さんです。）そこで、二酸化炭素の排出量を減らすことや、牛のゲップに含まれるメタンをどうするか、といったことが、緊急の課題になっているのです。しかし、もしも仮に、同じく人類の存亡に関わる温暖化が予測されるとしても、その原因（生成の道筋）が温室効果ガスの増加ではなく、例えば飛行機や自動車、建設工事などの、人類が発生させている「騒音」（温室効果騒音？）だったとしたら、必要となる対策は変わってくるでしょう。その場合には、二酸化炭素の排出量を減らすのではなく、「騒音」の排出量を減らすことが、必要になるでしょう。

たしかに、科学的な予測が行なわれる場合には、その予測は、特定の「存在根拠」に基づいて（例えば、二酸化炭素などの温室効果の結果として、温暖化が起こる、というように）行なわれるのが普通でしょうが、何らかの事情で、「温室効果ガスか、または温室効果騒音のどちらかによって温暖化が起こる、ということは確実なのだが、どちらによって起こるのかはわからない」ということになったとしましょう。この場合、二つの可能な「生成の道筋」が考えられ、少なくともどちらか一方が生じることは確かなので、地球温暖化予測の「認識根拠」は十分だと言えるのですが、どちらの道筋で温暖化が生じるかはわからないとしたら、対策を立てるのは難しいことになります。もしも念のために両方の対策を行なおうとすると、莫大な費用がかかったり、人々の生活に多大な犠牲を強いることになったりするために、それは不可能かもしれません。このような場合、地球温暖化に到る「生成の道筋」を示す、確固とした「存在根拠を与える予測」が、重要となるでしょう。

## 4・2　認識根拠を与える推論の評価

本章の冒頭に述べたように、この「認識根拠を与える推論」の評価、すなわち、「この推論は結論を正しく論証できているか」の評価が、クリティカル・シンキングの最も中心的な課題です。論証の過程に何らかの誤りが入り込んで、本当は論証できていない結論を、論証されたものとしてしまっていないかどうか、この推論では触れられていない別の要因を考慮に入れると、結論は違ってくるのではないか、といったことを、吟味するのです。

「誤り」は、様々な形で生じます。それらを完璧に分類・整理して一覧表にすることは不可能でしょうが、大きく分けるならば、形式的・論理的な誤りと、内容に関わる誤りとがあります。

「形式的・論理的な誤り」とは、推論の中で扱われている「内容」に関わるのではなく、様々な内容の推論に共通な、推論の「仕方」に関わる誤りです。現在「論理学」教育の中心になっている、数学的な記号論理学が普及するよりも前に主流であった「伝統的論理学」では、「誤謬論（虚偽論）」という分野が重視され、「……の誤謬（虚偽、fallacy）」、「……の誤謬」と、たくさんの「誤謬」に名前が付けられ、分類・列挙されていたのですが、そのほとんどすべては、推論の仕方に関わる形式的・論理的な誤謬でした。ここでは、「誤謬論」を詳しくたどるつもりはありませんが、形式的・論理的な誤りの代表的なものとして、「必要条件と十分条件との取り違え」や「論点先取」（あるいは「循環論法」）、それに、前に（204ページ）取り上げた「多義性の誤謬」などを、挙げることができるでしょう。

必要条件と十分条件については、3・1節で主題的に取り上げました。それらを混同して取り違えてしまう誤りが、時折生じます。具体例については、後の「例題」の中で見ることにします。

「論点先取（question-begging, begging the question）」とは、論証されるべき結論を、初めから前提してしまっている推論です。多くの場合その前提は、あからさまには語られない「暗黙の前提」です。「論点先取」という言い方とは別に、「循環論法（circular argument）」という言い方があります。この二つは、別扱いとする人もいるようですが、多くの場合、同じことととされており、この本でも特に区別はしません。ただ、「感覚的」な違いとしては、「論点先取」は、初めから「一つの推論」として与えられたものをよく調べてみると、結論が初めから前提されていた、というものであるのに対して、「循環論法」は、相手の主張に対して「その理由は？」「その理由は？」……、と問い詰めてゆくと、気が付いたときには、グルッと回って元の主張に戻ってしまっていた、というような場合が、典型例と感じられます。例えば、

康太：「あの人は立派な人だよ。」

弘子：「どうして？」

康太：「だって、あの人は信頼できるんだもの。」
弘子：「なぜそう言えるの？」
康太：「あの人は正義感が強いからだよ。」
弘子：「どうして正義感が強いとわかるの？」
康太：「だって、あの人は立派な人なんだから。」

というような場合です。しかしこれも、康太の主張だけを集めて、後から前へと「一つの推論」として見れば、「あの人は立派な人だ」という主張を基本理由として出発しながら、「あの人は立派な人だ」という最終結論に到る、「論点先取」の推論となっています。

「内容に関わる誤り」とは、その推論で扱われている特定の内容について生じる誤りです。ですから、その「内容」が専門的なものであるときには、その分野の専門知識がなければ、見付けることができないこともありえます。しかし、「常識」の範囲内と考えられる内容についても、考え違いをすることはよくあるので、それに注意する心構えを身に付けておくことは、大切です。

内容に関わる誤りをさらに分類するならば、一つは、「不適切な、あるいは疑わしい「暗黙の前提」を置く誤り」、もう一つは、「考慮に入れるべき要因を見落とす誤り」とでも呼ぶべき誤りでしょう。推論の誤り全体の中で、この「考慮に入れるべき要因を見落とす誤り」が、おそらく最も多いのではないかと思います。ただしここでも、この分類はあまり明確なものではなく、「こういう種類の誤りだと考えると、比較的わかりやすい」という程度の分類です。例えば「考慮に入れるべき要因を見落とす誤り」は、「その要因はこの推論には影響しない」という「不適切な暗黙の前提」を置く誤りと見なすこともできます。誤りがどの項目に属するかは、あまり重要ではなく、重要なのは、一つ一つの具体例について、その推論のどこがどのように誤っているのかを正確に捉え、（「項目名」を挙げるだけでなく）具体的に述べることができる、ということです。

「暗黙の前提」については、第2章（128〜134ページ）でいくつかの例を挙げました。多くの日常的な推論は、様々な「暗黙の前提」をもっているのが普通です。そしてその多くは、もし日常生活の中での推論において「まずまず間違いない」くらいの「確実さの程度」を目指すのであれば、特に「不適切」というわけではありません。しかし、ウッカリすると、「不適切な、あるいは疑わしい前提」を置くことになるのです。

第3章の3・2節で取り上げた、「相関関係から直ちに因果関係を推論する誤り」も、注意が必要です。それは、ここでの分類では、「形式的・論理的な誤り」と「内容に関わる誤り」との中間くらいに入るでしょうか。いずれにせよ、誤りの「分類」よりも、誤りの（個別的な）「記述」を求めることが大切です。

さてここでは、読者の皆さんが、それぞれの推論をどう評価すべきかを（まずは）自分で考える練習ができるように、様々な種類の誤りや疑わしさを含んだ推論を、「例題」として順不同で挙げてゆくことにします。「誤りや疑わしさ」と言いましたが、「これは明らかに誤っている」というものから、「この推論にはこういう点の考慮が欠けているが、その点の考慮を加えると、もしかすると結論は違ってくるかもしれない」くらいの、「誤り」とは断言できないものまで、様々なものが含まれています。本書の「仕上げ」として、一つ一つ考えてみてください。「例題」を追いながら、少しずつ解説を付け加えていきます。「例題」は、全部で12題あります。

《例題1》優勝の可能性

①この試合に勝てば、優勝が決まるはずだった。②しかし負けてしまった。③だから、もう優勝はできない。

どこかで見たような覚えがあるでしょう。必要条件と十分条件の話です。①で言われているのは、この試合に勝つことは、優勝するための「十分条件」だった、ということです。

けれども②と③では、この試合に負けてしまったから、もう優勝はできない、と言われています。しかしそう言えるのは、この試合に勝つことが優勝のための「必要条件」であった場合だけです。こうして、「必要条件」と「十分条件」とを取り違えてしまっているのです。必要条件と十分条件については、前に詳しく検討したので、読者の皆さんは、それらの理解にはだいぶ自信がついたでしょう。だから、このような間違いはしないだろうと思います。

《例題2》　自動車部品のプラスティック化

①従来は金属やガラスで作られていた自動車の部品を、プラスティックに置き換える技術が進んでいる。②それによって自動車が軽量化されるため、燃費がよくなる（消費する燃料が少なくて済む）ので、これは環境によい結果をもたらすだろう。

この文章は、一見したところ、かなりもっともなことを言っているように思えます。必要条件や十分条件、それに「論点先取」なども、問題になりそうもありません。しかしこの時代、プラスティックの新たな導入が「環境」によいかどうかは、気になるところです。もし問題があるとすれば、「形式的・論理的」な問題ではなく、「内容に関わる」問題でしよう。

「軽量化」による燃費の向上は、たしかに一つのメリットでしょう。しかし問題は、そこから直ちに「環境によい」と言ってよいかどうかです。他に「考慮すべき要因」はないでしょうか？　一般的に言って、金属やガラスよりもプラスティックの方が劣化や消耗が早く、寿命が短いため、プラスティックの部品は、頻繁に交換する必要があるかもしれません。すると、多くのプラスティックごみが出る原因になります。あるいは、自動車そのものが寿命を終えたときにも、プラスティックごみが多く出るでしょう。もちろん、プラスティックごみの処理技術が進歩することによって、この問題は解決、あるいは軽減されるかもしれませんが、しかし少なくとも、「プラスティックごみ問題」という要因が考慮に入れられていないことは、この推論の欠点だと言ってよいでしょう。

《例題3》　採用試験

①この採用試験に合格すれば、肇は高収入を得ることができる。②だが、この試験は非常に難しいので、合格するためには相当の覚悟で勉強することが不可欠だ。③それなのに肇は、遊んでばかりいて、あまり勉強しようとしない。④だから肇は、高収入を得ることができないだろう。

「こうすればこうできる」とか、「こうするためにはこうしなければならない」という言い方の一つの典型的な用法は、十分条件や必要条件を述べることです。この文章には、それらが組み合わされて出てきています。

①では、「この採用試験に合格する」ことが、「肇が高収入を得る」ための十分条件だと言われ、②（②-2）では、その「合格」のためには「相当の覚悟で勉強する」ことが必要条件だと言われています。すると、「相当の覚悟で勉強する」ことは、「高収入」のための「十分条件」のための「必要条件」だ、ということです。このように必要条件と十分条件とが組み合わされると、話は少しややこしくなります。注意深く考えましょう。

③では、「肇はあまり勉強しない」と言われています。これは、②で言われていた「合格」のための必要条件を、肇は満たしていない、ということです。すると肇は、「合格」できない、ということになるでしょう。問題はそこから、④の「肇は高収入を得ることができない」という結論を出すことができるか、です。これはできませんね。なぜなら、「合格」は、「高収入」のための「十分条件」だと言われているだけで、「必要条件」とは言われていないからです。ここに、「必要条件と十分条件との取り違え」があります。この試験の「合格」は、高収入を得るための、一つの十分条件ではあっても、他にも高収入

を得るための方法（別の十分条件）は、いくつもあるのです。

ここでの誤りを視覚的にはっきりと捉えるために、久しぶりに「構造図」を描いてみましょう。まずは構造図の話（第2章）を思い出して、自分で考えてみてください。わかりましたか？　最終結論は④です。そして、その結論を導くために、①〜③で与えられている三つの理由が、組み合わされて使われていますが、②の中では、前半から後半へと推論が行なわれていて、④の理由として組み合わされるのは、後半の②－２です。③の「遊んでばかりいて」と「あまり勉強しようとしない」とは、別の主張として分けることもできますが、それらがこの文章の中で別々の役割を果たしているわけではないので、③は「一つの主張」として扱うことにします。こうして、この推論の構造図は次のようになります。

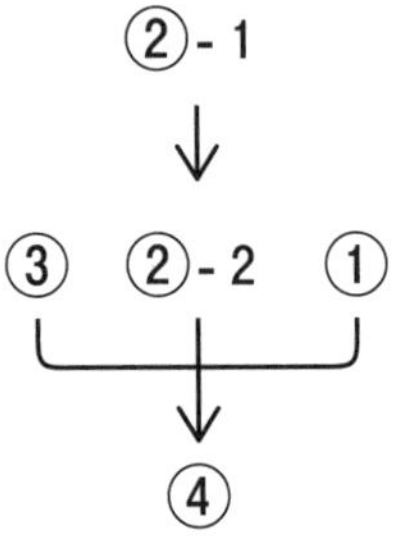

一般的に言って、この推論のように、三つ（以上）の理由を一度に組み合わせて結論を出すのは（特に、内容がややこしい場合）、一種の「力業」であって、二つの理由の組み合わせや、一つの理由だけからの推論に較べて、思考が複雑になり、間違える可能性が高くなります。そういうときにお勧めの方法は、一度に組み合わせる理由の数をできるだけ少なくし、その代わりに、推論のステップの数を増やすことです。もしそれが可能であれば、複雑な問題をいくつかのもっと単純な問題に分けること（「問題の分割」）ができます。そうすると、問題の「数」は増えますが、その代わりに一つ一つの問題が考えやすくなるのです。考えやすくなれば、間違える可能性は低くなるでしょう。

実は、先ほどのことばによる解説では、そのように問題を分けていました。例題の文章の9行ほど後の、「③では、」で始まる段落を見てみましょう。まず言われているのは、③と②-2を組み合わせると、「肇はこの採用試験に合格できない」という結論を出せる、ということです。これは、この推論の「述べられていない中間結論」です。そして次に、その中間結論と①を組み合わせて、④を導き出すことができるか、と考えます。そうすると、「合格」は「高収入」のための「十分条件」だと言われているけれども、「必要条件」とは言われていないので、④を導き出すことはできない、ということでした。

このような「問題の分割」によって、「必要条件」の話と「十分条件」の話を切り離すことができ、単純化することができたのです。そこでの「述べられていない中間結論」を組み込んで、「問題の分割」を行なった構造図は、次のようになります。「問題の分割」を行なうと、必ず「述べられていない中間結論」が入ることになります。

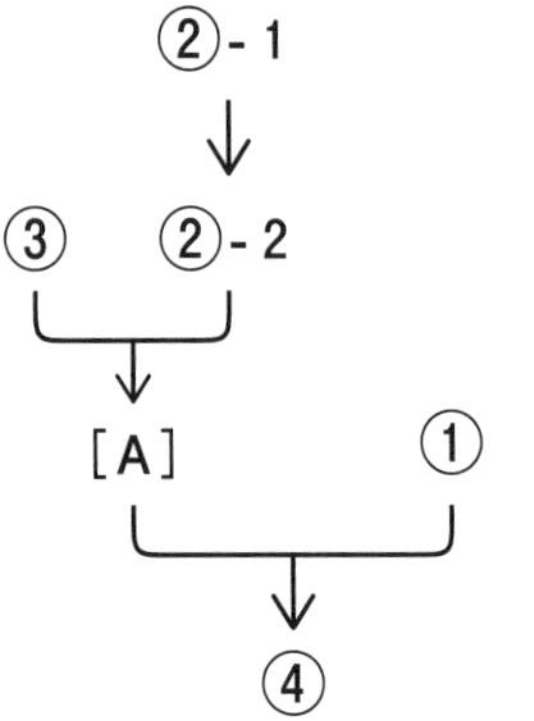


A：肇はこの採用試験に合格できない

推論ステップの数（矢印の先端の数）は一つ増えましたが、三つ同時の組み合わせは、なくなりました。前の構造図では、「誤り」は、「④に到る三つ組み合わせのステップにある」としか言えませんでしたが、この構造図ではさらに限定して、「[A] に到るステップではなく、④に到るステップにある」と言うことができます。

《例題4》　がんと不安

①最近の医学的な調査の結果、不安を感じる頻度が高い人ほど、がんの発生が多いことがわかった。②そこで、不安を感じる頻度が高い人に対して、その不安を取り除くような対処を行なうことによって、がんの発生を少なくすることができることは、明らかである。

この文章は、ウッカリすると「その通りだ」と言いたくなるかもしれません。(もちろんこれは、架空の話です。) しかし、②を主張できるのは、不安を感じることががんの「原因」となる場合だけでしょう。けれども、①で言われているのは、不安とがんの間に「相関関係」がある、ということだけです。これは、「共通原因による相関」である可能性が考えられます。例えば、3・2節の例(178ページ)と同様に、「不安になりやすい」傾向と「がんになりやすい」傾向の両方を引き起こす遺伝子が、あるような場合です。その場合、その遺伝子をもっている人の不安を取り除いても、がんの発症確率は下がらないでしょう。したがって、②を結論として主張するためには、がんと不安との関係をめぐるもっと詳細な研究が必要です。相関関係から直ちに因果関係を推論することの不適切さは、

「考慮すべき要因（共通原因による相関である可能性）の見落とし」と考えることも、できるでしょう。

**《例題5》 高血圧**

①最近の医学的な調査の結果、塩分を多く摂りすぎていて、しかも運動をあまりしない人は、ほぼ確実に高血圧になることがわかった。②正彦は塩辛いものが好きだが、最近医者から高血圧と宣告されたそうだ。③だから正彦は、運動をあまりしていなかったに違いない。

また病気の話です。①では、「塩分の摂りすぎ」と「運動不足」という二つの条件が合わさると、ほぼ、高血圧のための十分条件になる、と言われています。数学や論理学の中の厳密な話では、「ほぼ十分条件」とか「ほぼ必要条件」とかいった話はありませんが、病気とか試験の合格といった日常的な話では、よくあります。②で言われているのは、（②-1）正彦は塩辛いものが好きだということ（文脈から見て、正彦は「塩分の摂りすぎ」だと取ってよいでしょう）と、（②-2）正彦は高血圧になった、ということです。（ここでは、「（この診断に関しては）医者の宣告は正しい」ということが、「暗黙の前提」となっている、と考えてよいでしょう。）そして、以上、合計三つの理由を組み合わせて、③では、正彦は運動不足であった、と結論付けています。

しかし、この結論は出てきません。もしも「塩分の摂りすぎ」と「運動不足」が合わさることが、高血圧のための必要条件であるならば、この結論は出てきます。しかしこの文章では、「必要条件」とは（「ほぼ必要条件」とも）言われていません。塩分の摂りすぎではあるけれど、しかしよく運動する人は、両方の条件を満たす人よりも、高血圧になる確率は低いかもしれませんが、それでも、ある程度高い確率で高血圧になることは、この文章と矛盾せず、十分に考えられることです。正彦は、その一例なのかもしれません。この推論は、かなりはっきりと「誤り」と言えるものです。「（ほぼ）十分条件」と「（ほぼ）必要条件」との取り違えです。

なお、「必要条件」や「十分条件」は、論理的な意味で、あるいは自然法則的な意味で、あるいはもっと日常的で大ざっぱな意味で、と、様々な意味で言われます。第3章でたくさん見た「Ｊリーグでの優勝」についての必要条件や十分条件は、Ｊリーグのルールを前提に考えるのであれば、論理的な意味での必要条件や十分条件だと考えられます。手にもったリンゴを離すことは、そのリンゴが落ちるために、自然法則的には十分条件ですが、論理的には十分条件ではない、と言えるでしょう。現に成り立っている自然法則が成り立っている限り、必ず落ちるでしょうが、そのような自然法則が成り立っていること自体は「論理必然的」ではないので、そのリンゴが落ちるということも、論理必然的に言えることではないからです。もっと日常的な意味では、真冬に1時間裸で屋外にいることは、風邪をひくための（ほぼ）十分条件でしょう。「必要条件」についても、同じようなことが言えます。色々な例を自分で考えてみてください。

**《例題6》 自分が嫌なことを人にしてはいけない**

①自分が嫌なことを、人にしてはいけません。②その理由は、こうです。③される側の立場になって考えてみなさい。④もし君がその人の立場にいて、嫌なことをされたら、嫌でしょう。⑤だから、自分が嫌なことを、人にしてはいけないのです。

この文章は、「自分が（されて）嫌なことを、人にしてはいけない」という道徳規範を、（たぶん子供に）説得しようとしています。なぜいけないかの理由として、される側の立場になって、もし自分が嫌なことをされたら、嫌でしょう（これは「同語反復」ですが）、ということが、挙げられています。「そうだな。嫌だな。他の人も嫌だろうな。だから、しちゃいけないんだな」と、納得してくれることを目指しています。そして、多くの場合、納得してもらえているように思えます。しかしこれは、「論証」として成功しているでしょうか? 「論証」が行なわれているのは、④から⑤の部分です。そして、これが大事な点なのですが、理由である④には、何かを「人にしてはいけない」かどうかについての話が出てきていないのに、結論⑤には、それが出てきています。したがって、④から⑤を導くところには、何かを「人にしてはいけない」かどうかについての、「暗黙の前提」があり、その前提と④とを組み合わせて⑤を導いている、と考えられます。④から⑤への推論は、「Xをされたら、(自分が)嫌だろう」ということから、「だから、Xを人にしてはいけない」という結論を導く推論です(X=自分が嫌なこと)。このように推論をしたということは、まさに、「自分が(されて)嫌なことは、人にしてはいけない」ということ(つまり、結論)を、暗黙のうちに前提している、ということです。というわけで、これは「論点先取」を犯した推論です。

この文章は、「論証」としては「論点先取」になってしまっていますが、しかし、子供たちに「相手の立場になって考えてみる」ことを促すことによって、子供の道徳的な成長のための「訓練」としては、大いに役に立つのではないかと思います。「訓練」と「論証」とは、別のことです。

ここで、論点先取や循環論法について注意してほしい点を、二つ挙げておきます。一つ目は、「「風が強くなってきた。だから台風が近づいてきたんだ」と言えるし、「台風が近づいてきたんだ。だから風が強くなってきたんだ」とも言えるけれど、それらをつなぐと循環論法（論点先取）になってしまう。どうなっているんだ？」と悩む必要はない、ということです。

第1章で述べたように、前者は認識根拠（だけ）を与える推論、後者は存在根拠（だけ）を与える推論です。しかし、循環論法や論点先取が問題となるのは、推論が全体として認識根拠を与える推論であるか（この節では、それを扱っています）、または、全体として存在根拠を与える推論である場合だけです。（全体として、その両方である場合も含みます。）しかしいまの例では、前者は認識根拠だけを与える推論、後者は存在根拠だけを与える推論なので、それらをつなぐと、全体としては、どちらの種類の推論でもないのです。だから、循環論法の問題は起こりません。第2章で、2種類の推論の「混在」を扱ったときの言い方に従えば、この二つの推論をつないだときには、そもそも全体としての「一つの推論」が、存在しないのです。

なお、全体として存在根拠を与える推論であるような循環論法では、ある事態から出発した「生成の道筋」が、初めの事態へと舞い戻る、という話になります。自分自身を生成する「自己原因」とか「自己産出」といったことです。そんなことが考えられるでしょうか？「全能の神様だったら、自分自身を作り出すこともできるのではないか」といった話もありえますが、しかしその神様は、自分自身を「作り出す」前に「存在」していなければ、「全能」も存在していないので、話は始まりません。しかし、もし「作り出す」前に「存在」しているならば、初めから存在しているのであって、自分で作り出すことにはなりません。したがって、「自己原因」とか「自己産出」が、意味のある話になるとは、私には思えません。

もう一つの注意点も、「全体としての推論」に関係することです。第1章で、「やや特殊だけれど重要な」仮定からの推論の例として、「仮説演繹法」の話をしました。ある仮説を正しいものと仮定し、そこからできるだけたくさんの観察可能な帰結を推論（演繹）して、もしもそれらの帰結がすべて正しいと確認できれば、その仮説自体が正しいものと考えようという、理論的科学の考え方です。

このような思考の流れを全体として見ると、出発点として「この仮説は正しい」という「仮定」が立てられ、そこから出発して、おそらくはかなり複雑な過程を経て、最終的に「この仮説は正しい」という結論に到り着いたことになります。すると、「「この仮説は正しい」という仮定から出発して、「この仮説は正しい」という結論に到るというのは、まさに論点先取、循環論法そのものではないか！」と思えるかもしれません。しかし、そうではありません。

「この仮説は正しい」という仮定から出発する「仮定からの推論」は、その仮説（H）から（他の様々な法則も「基本理由」として利用して）推論される観察可能な結論（O）に到ったところで、終わります。そして、ここで完結した「仮定からの推論」によってわかったことは、「もしも仮説Hが正しいとしたら、結論Oも正しい」という条件文が成立する、ということです。大事なのは、この条件文を主張するためには、何も「仮定」する必要がない、ということです。ここから後の、「仮説Hは正しい」という結論へと到る推論は、この、「何も仮定する必要がない」条件文の主張を、一つの（観察可能な）帰結Oだけでなく、たくさんの$O_1$、$O_2$、$O_3$、……について導き出した上で、それらを出発点として行なわれます。ですから、「仮説Hは正しい」という最終的な結論は、決して、「仮説Hは正しい」ということを仮定する「仮定からの推論」の結論ではありません。「全体としての推論」は、「仮説Hは正しい」という仮定から出発していますが、その「仮定からの推論」は途中で完結しており、「全体」のうちのそれよりも後の部分は、初めの仮定には依存しておらず、したがってそれは、論点先取、循環論法ではないのです。ここでもやはり、全体としての「一つの推論」は、存在しません。「仮定からの推論」は、それが（つまり、出発点に仮定を置いている、という事情が）どこで終わるのかが重要です。

## 《例題7》買わないものは触らないの！

次の対話は、お菓子屋さんに入った親子のやり取りです。小学1年生の子供は、おいしそうなお菓子についつい手が出て触ってしまうので、お母さんは困っています。ここに出てくる、なぜか「対偶の法則」（「AならばB」は「BでないならばAでない」と同じことだという論理法則）を知っている「おませ」な小学1年生の子供に対して、お母さんはどう答えればよいか（子供の推論をどう評価すべきか）を、考えてください。

母「買わないものは触らないの！」
子「そうか。それだったら、触ったものは買うんだね？ それじゃ、どんどん触っちゃお！」
母「……。」

このおませな小学1年生は、お母さんの「買わないものは触らない」という発言を、「もし何かを買わないならば、その何かに触らない」という条件文だと理解し、そこに「対偶の法則」を当てはめて、「もし何かに触るならば、その何かを買う」ということだ、という結論を出しました。こういう子供をもったら、親は大変だと思いますが、条件文だという理解と、それは対偶法則を満たすという判断は、正しいと言ってよいでしょう。さあ、どう答えましょうか？

一番自然なのは、「買わないものは触らない」の「触らない」で言われているのは、事実として触らないということではなく、「触ってはいけない」という「禁止」なのだ、と答えることでしょう。そのように解釈すれば、お母さんが言っていたのは、「もし何かを買わないならば、その何かに触ってはいけない」ということであって、そこに対偶の法則を当てはめて出てくるのは、「もし何かに触ってよいならば、その何かを買う」ということ、言い換えれば、「触ってよいのは買うものだけだ」ということです。だから、その子が「どんどん触っちゃって」も、「触ってよい」ものでなければ、どんどん買ってもらうことはできないでしょう。触ってはいけないものに、どんどん触ってはいけません。

### 《例題8》 店の内装工事

①多くの仕事は、景気の良し悪しによって収入が左右されるが、「店の内装工事」という仕事は、景気の良し悪しの影響をあまり受けない。②なぜなら、景気がよいときはそれなりに仕事があるだろうし、景気が悪いときは、店の売り上げが減るので、商

店街などの貸店舗から撤退するテナント（借り手）が多くなり、それゆえ、次に入るテナントのための内装工事の発注が、増えるのだ。

これは、なかなかうまいところに目を付けた話かもしれません。不景気のときには、多くの人たちが仕事が減って困るのに、店の内装工事という仕事には、不景気のときには、不景気のゆえに仕事が入るメカニズムがあるようです。しかし、本当にそんなにうまくゆくのでしょうか？　ここには何か「暗黙の前提」はありませんか？　……

「不景気のときの商店街」を思い浮かべてみましょう。そうです。「シャッター街」になりうるのです。この文章では、「前のテナントが撤退した後には、必ず（あるいは、多くの場合）次のテナントが入る」と前提されています。そうでなければ、「撤退するテナントが多くなり、それゆえ、次に入るテナントのための内装工事の発注が増える」という推論はできません。しかし、前のテナントが撤退した後、次のテナントが現われず、空き店舗のままになることも、よくあるのです。あるいはまた、「テナントが変わったときには、必ず（あるいは、多くの場合）店内の改装が行なわれる」とも前提されています。しかし、前のテナントが使っていた内装のままで、店を始める人もいるかもしれません。

とはいえ、不景気がそれほど深刻でなければ、「次のテナント」もある程度は見込めるでしょう。また、私がよく通る商店街を見ていると、テナントが交代したときには、ほとんどいつも、内装工事をやっています。だから、他の仕事に較べれば、「店の内装工事は不景気に強い」くらいのことは、言えそうです。そこで、この推論には少々疑わしい「暗黙の前提」があるのですが、この推論の難点は、「不適切な暗黙の前提」と言うよりも、むしろ、「考慮すべき要因（次のテナントの有無など）の見落とし」と呼ぶ方が、適切かもしれません。つまり、「この推論は誤っている」と言うよりも、「考慮すべき要因を考慮すれば、結論にある程度の修正（例えばトーンダウン）が必要になる」というような評価が、適切ではないかと思われます。ここで練習問題。

**練習問題4－2**　この推論の、右に挙げた二つの「暗黙の前提」を組み込んだ構造図を、描きなさい。（②は複雑です。四つの主張が含まれており、②の内部だけで2段階の推論が行なわれています。）「コメント」の指摘も忘れずに。

なお、この例題の解説の初めの方で、「不景気のときには、不景気のゆえに仕事が入るメカニズムがあるようです」と書きましたが、この文章は全体として、認識根拠と存在根拠の両方を与える推論になっています。そこで、景気が悪いときについての話は、なぜ仕事が入ると考えてよいか、ということ（認識根拠）と共に、仕事が入ることの存在根拠（生成の道筋）、つまり「仕事が入るメカニズム」も、述べられているのです。

《例題9》 電車の中での携帯通話

①電車の中で携帯電話で通話することは、隣の人とおしゃべりすることと較べて、通話相手の声がまわりには聞こえないので、その分だけ、まわりの人への迷惑が少ないだろう。②だから、電車の中での隣の人とのおしゃべりを禁止しないのに、携帯通話を禁止するのはおかしい、と言う人がいる。③しかし、もし電車の中での通話を認めると、一人で電車に乗って退屈しているたくさんの人たちが、通話を始めるだろう。④すると、通話の声が大変な音量になることが予想されるので、やはり電車の中での通話は、禁止すべきなのだ。

これは、第2章に出てきた例文そのままです。そのさらに前の例文である前半の議論を、推論の形での「反対意見の提示」とした上で、後半でそれに反論しています。反論のポイントは、「考慮すべき要因（予想される通話者の数）の見落とし」と考えてよいでしょう。電車内での携帯通話を禁止するのはおかしいという「反対意見」に、理由があることを認めた上で、それでもなお「禁止すべきだ」という結論を主張するこの推論には、どれだけの説得力があるでしょうか？

読者の皆さんはどう思いますか？　私の意見では、この推論に説得力があるかどうかは、時代によって、また、何が電車内での携帯通話の「迷惑」と考えられるかによって、変わってくるのではないかと思います。まずは「時代」から。

携帯電話がかなり身近に登場してから、20年ほどのその発展の歴史は、なかなか興味深いものです。初期の、携帯電話がまだ非常に珍しかった頃、電話で話しながら道を歩く人を見て、通りかかった二人の若い女性が「クスッ」と笑っていたのを覚えています。珍しいものは、ときに滑稽と感じられることがあります。だいぶ普及してくると、私がよく通る下北沢南口商店街を歩く若い人たちは、ことごとく楽しそうに電話でしゃべりながら歩いていました。そしてある時期から、しゃべりながら歩く人はほとんどいなくなり、その代わりに、みんな画面を見ながら歩くようになりました。（これはかなり危険です。）

若い人たちがことごとく電話でしゃべりながら歩いていた時代ならば、上の推論はかなり説得力をもっていたでしょう。街を歩くときにも、誰もが電話でしゃべっている時代ならば、もし電車内での通話が許されれば、電車内でも誰もが電話でしゃべる可能性は高いでしょう。しかし現在、街を歩きながら通話する人は、ほとんどいません。電車の乗客もほとんどすべてが、じっとスマホの画面を見つめ、何やら指をシャカシャカ動かしています。このような時代ならば、電車内通話を許可しても、それほど通話する人が出てくるとは思えず、したがってこの推論の説得力は、あまり強くはないと思います。

しかし、今後さらに新しい技術が登場して、それが携帯通話を強く促すようなものだったとしたら、再びこの推論が説得力をもつ時代になるかもしれません。日進月歩の技術と共に、事情がクルクルと変わるのだとしたら、混乱を避けるために「禁止」にしておく、というのも、一つの考え方でしょう。

次に「迷惑」という点ですが、電車内での通話を禁止する規則が初めて作られたとき、何が、他の乗客に対する迷惑と考えられたのでしょう？　話し声がうるさい、ということだったのでしょうか？　これは、鉄道会社の会議の記録を調べてみればわかるのでしょうが、もう一つ考えられるのは、電車の中で電話で話すという光景の「不快さ」です。先ほど、珍しいものは「滑稽」と感じられることがある、という話をしましたが、場合によっては、珍しいものは「不快」と感じられることもあります。（それが、例えば肌の色が違う人たちに対して、人種差別的な気持ちを起こさせる一つの原因ではないか、と考える心理学者もいます。）携帯電話が登場するまでは、電車の中で電話で話す光景はありえなかったので、携帯時代初期のそのような光景は、非常に珍しく、そのためにまわりの乗客に不快感を与えることが、問題だったのかもしれません。
もしもそうだとすると、現在では既に、どんな場所で電話で話している光景も、珍しくはなくなったので、珍しさゆえに「不快」と感じる人はいないでしょうから、電車内通話を禁止する理由はなくなった、ということになるでしょう。しかし、禁止の理由が「不快さ」だとわからない限り、以上の理由から先の推論は間違っている、と断定することはできません。というわけで、この推論については、もう少し証拠を集めないと、明確な評価はできないと思われます。しかし逆に言うと、このような評価の試みによって、この推論を評価するためには、どのような要因を考慮に入れ、どのような証拠を集めればよいのかが、ある程度わかった、とは言えるでしょう。

**練習問題4-3** もし以上の解説が正しいとしたら、この例題の推論を評価するために、どのような「要因」を考慮に入れるべきか、そしてどのような「証拠」を集めるべきか、考えてみなさい。

## 《例題10》 貧困をなくすことはできるか?

①この社会から貧困をなくすためには、失業率を下げなければならない。②そして、国や自治体が、道路建設などの公共事業を増やせば、失業率を下げることができる。

③しかし、現在は財政状況が非常に厳しいので、公共事業を増やすことは不可能だ。

④したがって現状では、貧困をなくすことも不可能なのだ。

　これは、例題3と同じく、「必要条件」と「十分条件」とを組み合わせた文章です。①では、貧困をなくすためには失業率を下げることが必要条件だ、と言われており、②では、失業率を下げるための一つの十分条件として、国や自治体が公共事業を増やすことが、挙げられています。しかし③では、財政状況が厳しいので公共事業は増やせない、と言われ、そして④で、現状では貧困をなくすことも不可能だ、と結論付けられました。例題3では、高収入を得るための十分条件（合格）のための必要条件（勉強）が扱われていたのに対して、ここでは、貧困をなくすための必要条件（失業率の低下）のための十分条件（公共事業の増加）が扱われています。そしてどちらも、最後に出てきた条件（勉強と、公共事業の増加）が、成立しないと言うのです。

　例題3とは組み合わせの順序が違うのですが、やはりこの文章にも、推論の欠陥があります。③までで、貧困をなくすための必要条件（失業率の低下）のための十分条件である

「公共事業を増やす」ことが不可能だとされたのですが、失業率を下げるための方法は、公共事業を増やすことだけではありません。もしも公共事業を増やすことが、失業率を下げるための必要条件だというのであれば、この推論の結論は出てくるのですが、公共事業の増加は一つの十分条件にすぎないのです。ここで、「必要条件と十分条件との取り違え」が起こりました。財政難の中、可能な政策の選択肢は限られているでしょうが、「公共事業を増やす」こと以外の様々な景気対策（新たな技術開発の促進など）によって、「失業率を下げる」（これは、貧困をなくすための「必要条件」とされているので、実現しなければなりません）可能性は、まだ開かれているのです。

　この推論も例題3と同じく、一度に三つの理由（①、②、③-2）を組み合わせる「力業」の推論です。（構造図を描いてみてください。）では、例題3と同じように「問題の分割」をして、一度に三つの組み合わせをなくすことは、可能でしょうか？　それは可能ですが、例題3よりも、少しややこしい話になります。

　例題3では、③の「肇は勉強しない」と、②-2「勉強は合格のための必要条件」とから、「肇は合格できない」という「述べられていない中間結論」を、正しく導き出すことができたのですが、しかしこの例題では、上に述べたように、推論の誤りは、「公共事業を増やすことは不可能」（③-2）ということと、「公共事業を増やすことは失業率を下げるための十分条件」（②）ということから、「失業率を下げることは不可能」という、誤った「述べられていない中間結論」を出したことだ、と推測しました。しかし、「述べられていない」のに、「これが誤りだ」と断定してよいのでしょうか？

この点については、「誤ってはいても、まずまず合理的に考えたのだとすれば、可能な解釈はこれしかない」程度のことは言えます。

いま問題にしている「一度に三つの組み合わせ」の推論ステップで、重要な働きをしている話題は、「貧困をなくす」、「失業率を下げる」、「公共事業を増やす」の三つです。そこで、三つの理由それぞれと、それらからの結論に、これらの話題のうちのどれが出てくるかを、見てみましょう。すると、次のようになります。

①：貧困をなくす、失業率を下げる
②：公共事業を増やす、失業率を下げる
③-2：公共事業を増やす
④（結論）：貧困をなくす

この推論の結論④は「貧困をなくす」ことに関する結論なので、それを導く直近の（直接つながる）理由には、「貧困をなくす」という話題が出てくるはずです。④以外でそれが出てくるのは、①だけなので、もし「一度に三つの組み合わせ」をなくして、二つのステップに分けるとしたら、④を導く最終的な推論ステップの一つの理由の場所には、①が入ると考えてよいでしょう。しかし、①だけからは④は導けないので、何かと組み合わせる必要があります。では、組み合わされるのは、どのような理由でしょう？

「貧困をなくすためには、失業率を下げることが必要条件だ」という理由と組み合わせて、「したがって、貧困をなくすことは不可能だ」という結論を導く理由とは、その必要条件が成り立たないのだ、という理由、つまり、「失業率を下げることは不可能だ」という（述べられていない）理由しか、ほぼ考えられない、と言ってよいでしょう。そして、残りの二つの理由、②と③-2から、誤って（必要条件と十分条件を取り違えて）これを「述べられていない中間結論」として導き出すことは、「誤り」としては自然な部類に属すると言えそうです。そこで、「これがこの推論の誤りだ」と考えることは、「ほぼ確実」と言ってよいと思います。

例題3と、この例題9は、「十分条件」の「必要条件」や、「必要条件」の「十分条件」に関するものでした。つまり、AがBの必要条件で、BがCの十分条件である場合や、AがBの十分条件で、BがCの必要条件である場合でした。（それぞれの例題は、どちらか一方です。それぞれについて、A、B、Cが何であるかを確認してください。）このような場合、一般には、AはCの必要条件でも十分条件でもありません。しかしどちらの例題も、「AはCの必要条件だ」と考える誤りを犯していました。

それに対して、同種の条件の組み合わせについては、「必要条件」の「必要条件」は必ず「必要条件」になり、「十分条件」の「十分条件」は必ず「十分条件」になります。なぜそう言えるのかは、自分で考えてみてください。この事態を、「「必要条件」や「十分条件」（という関係）は「推移律」を満たす」と言います。昔、水前寺清子という演歌歌手が、「友達の友達は友達だ」という歌を歌っていました。これは、「「友達」関係は、推移律を満たす」という趣旨の歌です。しかし残念ながら、「友達」関係は推移律を満たしません。（友達の友達が友達ではないような例を、考えてみましょう。）

ここで、最近私が見つけた、「必要条件と十分条件との取り違え」の実例を、挙げておくことにします。その例は、2020年に亡くなった英国ケンブリッジ大学の哲学者デイヴィッド・ヒュー・メラーによるものです。彼は、因果関係をめぐるある問題について、アメリカの哲学者ドナルド・デイヴィドソンの議論の誤りを指摘した論文（その指摘は正しいと思います）の中で、自らも誤りを犯してしまったのです。その誤りは、次のような少々複雑な議論の中で起こりました。実際の内容はかなり専門的なものなので、議論の形の大枠だけを示します。

その議論は、Aという言明からBという言明が帰結することを、示そうとするものです。そのために彼は、次のように論じています。
（1）Bからは$D_1$と$D_2$が帰結する。
したがって、
（2）AからBが帰結するためには、Aからも$D_1$と$D_2$が帰結しなければならない。
ところが
（3）Aからは$C_1$と$C_2$が帰結する。
そして
（4）$C_1$からは$D_1$が帰結し、$C_2$からは$D_2$が帰結する。
それゆえ、（3）と（4）より、
（5）Aからは$D_1$と$D_2$が帰結する。
こうして、（2）と（5）より、
（6）AからBが帰結する。
さてこの議論、皆さんはどう思いますか？　かなり複雑な議論が行き交う中に紛れてしまいがちですが、ここには「必要条件と十分条件との取り違え」があります。（2）が述べているのは、「Aから$D_1$と$D_2$が帰結する」ことは、「AからBが帰結する」ための一つの必要条件だ、ということ、つまり、もしも「Aから$D_1$と$D_2$が帰結する」のでなければ、「AからBが帰結する」ことはない、ということです。そして（5）では、その必要条件が確かに成り立っていることが、確認されました。

しかし、一つの必要条件が満たされていることがわかっただけでは、（6）で主張されているように、「AからBが帰結する」という結論を出すことは、できません。その結論を出すためには、「Aから$D_1$と$D_2$が帰結する」ことが、「AからBが帰結する」ための十分条件であることが、つまり、もしも「Aから$D_1$と$D_2$が帰結する」のであれば、「AからBが帰結する」ということが、必要なのです。しかし、ここで実際に取り上げられている内容を考えてみると、それはまったく成り立たないことで、「AからBが帰結する」ことをこのようなやり方で論証することは、不可能だと思われるのです。

議論の複雑さに紛れてふとした誤りが見逃されることは、世界的に名の知られた哲学者にも起こることを、私はこれまで何度か気付かされました。「そんなことは信じられない」と思う方に確認していただくために、いまの議論が出てくる箇所を示しておきます。

(D. H. Mellor, *Matters of Metaphysics* (Cambridge University Press, 1991), p. 217.)

## 《例題11》 目覚まし時計のパラドックス

①聴覚に障害があるために耳が聞こえない人には、目覚まし時計の音は聞こえない。②だから目覚まし時計は役に立たない。③では、耳が聞こえる人の場合はどうか。④耳が聞こえる人でも、夢を見ずに眠っているときには意識がないのだから、何も聞こえないはずだ。⑤だから、目覚まし時計の音も聞こえるはずがない。⑥また、夢を見ているときには意識はあるが、「夢の世界」に生きているのだから、現実世界の音は聞こえないはずだ。⑦だからやはり、(現実世界の)目覚まし時計の音は聞こえないだろう。⑧それゆえ、耳が聞こえる人の場合でも、眠っているときには、夢を見ていても見ていなくても、目覚まし時計の音を聞いて目覚めることは、ありえない。⑨だから、目覚まし時計は、眠っている人の役には立たない。⑩それに対して、耳が聞こえる人が目覚めているときには、意識があり、「現実世界」に生きているのだから、目覚まし時計の音は聞こえる。⑪しかし目覚めているのだから、さらに目覚める必要はない。⑫だから目覚まし時計は、目覚めている人の役にも立たない。⑬こうして、聴覚に障害があろうとなかろうと、眠っていようと目覚めていようと、目覚まし時計は誰の役にも立たないのだ。

ずいぶん長い文章ですが、この推論の結論である⑬は、「明らかに間違っている」と言ってよいでしょう。少なくとも聴覚に障害のない多くの人は、目覚まし時計のおかげで、朝早く起きることができた経験があると思います。目覚まし時計は、確かに「役に立つ」のです！　では、この文章の中で、何が間違っているのでしょうか？　もう一度、文章全体を見てみましょう。

①から⑫まで、細かな場合分けが行なわれています。初めは耳が聞こえない人、その後は、耳が聞こえる人をさらに三つに分けて、夢を見ずに眠っている人、夢を見ている人、そして目覚めている人を、順番に取り上げています。このように細かく分けた上で、結論としては、それらどのような人にとっても、目覚まし時計は役に立たない、というわけです。この結論に向かう過程では、部分的にまとめる操作（夢を見ずに眠っている人と、夢を見ている人）もあるので、推論の構造を考えるときは、注意してください。

このように分類された中で、最後の、目覚めている人にとって、目覚まし時計が役に立たないというのは、（その理由も含めて）正しいでしょう。そして最初の、聴覚に障害があって耳が聞こえない人についても、セットされた時刻になると音を出すタイプの普通の目覚まし時計は、たしかに役に立たないだろうと思われるのですが、これについては後でもう少し考えます。「それはおかしいよ」と思われるのは、2番目と3番目、つまり、（夢を見ているにせよ、見ていないにせよ）眠っている人にとって、目覚まし時計が役に立たない、という話でしょう。実際、聴覚に障害のない多くの人たちの経験は、目覚まし時計によって「眠りから覚める」ことができた、という経験です。ではこの文章では、なぜ、眠っている人にとって目覚まし時計は役に立たない、と言われるのでしょうか。

眠っている人が夢を見ていない場合には、意識がないのだから何も聞こえず、したがって、目覚まし時計の音も聞こえない。夢を見ている場合には意識はあるけれども、「夢の世界」に生きているのだから、やはり、現実世界で鳴っている目覚まし時計の音は、聞こえない、というわけです。どちらも、言われてみれば正しそうに思えませんか？ そして、もしそれらが正しいのならば、そこから⑧の「それゆえ、夢を見ていても見ていなくても、眠っている人が目覚まし時計の音を聞いて目覚めることは、ありえない」ということが、結論できそうに思えます。さあ、どう考えたらよいのでしょうか？

もしかするとこれは、正確には専門家にしか答えられない、難しい問題なのかもしれません。私も、詳しいことは知りません。しかし素人にも、「可能性」を考えてみることはできそうです。

一つの可能性は、④の「夢を見ずに眠っている人は意識がないのだから、何も聞こえない」という部分や、⑥の「夢を見ているときには意識はあるが、「夢の世界」に生きているのだから、現実世界の音は聞こえない」という部分を、疑ってみることです。夢を見ていない場合、いわゆる「熟睡」状態ならば、まったく意識がないかもしれないけれど、眠りが浅いときには、多少の意識はあって、少しは音が聞こえるのではないか？　あるいは、夢を見ているときには眠りが浅く、「夢の世界」に生きているとはいえ、「現実世界」の音も少しは聞こえるのではないか、というような疑いです。たしかに、睡眠状態と覚醒状態との境目は、それほどはっきりとしたものではなさそうにも思えます。その中間的な状態では、少しは音が聞こえてもおかしくない、という気もします。

しかし、もし仮にそうだとしても、目覚まし時計が役に立つのは、（夢を見ていても見ていなくても）眠りの浅い人だけだ、ということになります。けれども実際には、熟睡状態からでも、（多少長く時間がかかるかもしれませんが）目覚まし時計で目覚めることは、あるのではないでしょうか？　そうでなければ、目覚まし時計をかけて安心してぐっすり眠ることは、できないでしょう。そこで、次のようなもっと重要な可能性を考えてみましょう。

人が眠っているとき、目は閉じていますが、耳は開いています！　目に光は（あまり）入ってきませんが、耳には音が入ってきます。音は空気の振動であり、それによって鼓膜が振動します。耳や聴覚神経に障害がなければ、その振動が、耳の中の結構複雑な過程を経て、神経の電気信号に変換され、脳の聴覚野に送られます。熟睡状態では、脳に信号が入ってきても、意識経験としての「聞こえる」という経験は生じないのかもしれません。しかし、その意味で意識にはのぼらないとしても、耳からの信号が、脳にある種の刺激を与えていることは、確かでしょう。その刺激によって、脳が睡眠状態から覚醒状態へと段々と変化してゆくことは、十分に考えられることではないでしょうか？ そうすれば、④〜⑦で言われているように、眠っている人には目覚まし時計の音は「聞こえない」としても、したがってまた、⑧の「眠っている人が目覚まし時計の音を聞いて目覚めることは、ありえない」ということが真であったとしても、⑨の「だから、目覚まし時計は、眠っている人の役には立たない」という結論を出すことは、できないのです。熟睡している人の脳も、この刺激によって段々と覚醒状態へと向かい、それにつれて段々と目覚まし時計の音が聞こえてくるのかもしれません。

もしも、このような仕方で目覚まし時計が「役に立つ」可能性があるならば、ここで取り上げている推論の誤りは、⑧から⑨を導き出したところにある、と言ってよいでしょう。そのステップのところに、一つの「暗黙の前提」があります。それは、「目覚まし時計の音で人が目覚めるのは、その音が聞こえた場合だけである」という前提です。そしてその前提は、一見したところ正しいように思われるかもしれませんが、しかしこれまで述べてきた通り、かなり疑わしい前提だと思われるのです。

　ここで、聴覚に障害があるために耳が聞こえない人の場合を、もう一度考えてみます。もしもいま述べたような仕方で、眠っている人の場合、「聞こえない」としても目覚まし時計が役に立つのだとしても、聴覚障害のゆえに耳が聞こえない人の場合には、耳という器官や聴覚の神経系に障害があるので、常識的に考えて、目覚まし時計は役に立たないだろうと思われます。（しかし後で、もしかするとそうではないかもしれない、という話をします。なお、この例題では、「聞こえる」という意識経験をもつことができないことを、その原因が耳にあるのか、脳内にあるのか、それともその間をつなぐ神経や、何か別の場所にあるのかによらず、「耳が聞こえない」と表記しています。）したがって、そのような人についての結論②は、正しいと思われるのですが、しかし「結論が正しければ、推論も正しい」というわけではありません。（もしこれが言えるとしたら、結論さえ正しければ、どんな理由からその結論を導いていても、正しい推論だ、ということになってしまいます。）①から②への推論では、「目覚まし時計の音が聞こえない」ということから直ちに、「だから、目覚まし時計は役に立たない」という結論を出しています。したがってここにも、⑧から⑨への推論と同じように、「目覚まし時計の音で人が目覚めるのは、その音が聞こえた場合だけである」という「疑わしい暗黙の前提」があります。「聞こえない」ときでも目覚まし時計が役に立つ場合があるのだとすると、聴覚障害のゆえに耳が聞こえない人にとって、目覚まし時計が役に立たない理由として挙げるべきなのは、「聞こえない」ことではなく、むしろ、「耳や聴覚神経系に障害がある」ということです。もし、⑧から⑨への推論を「不適切」とするのであれば、①から②への推論も、（仮に結論は正しいとしても）同じく「不適切」とすべきでしょう。

しかし、先に少し触れたように、もしかすると結論②は正しくないかもしれない、という可能性が、わずかながらあると思います。それは、次のような場合です。

もしも、目覚まし時計によって目覚めるために、その音が（意識経験として）「聞こえる」必要がないのだとすると、聴覚障害のゆえに耳が聞こえない人の場合にも、例えば、目覚まし時計が鳴ったとき、耳から脳へと神経信号が送られて、脳に刺激を与え、睡眠から覚醒へと脳状態の変化を引き起こすことはできるのだが、何かそれ以外の障害によって、「聞こえる」という意識経験が生じない、という種類の聴覚障害がもし存在するならば、「耳は聞こえないのに、目覚まし時計で起きられる」ということもありうるかもしれません。

多くの人は、「そんな奇妙な聴覚障害はありえないだろう」と思うでしょう。そして実際、ありえないのかもしれません。しかし視覚については、本人の自覚（意識経験）としては「何も見えない」のに、ある種の視覚的な情報処理は行なわれていて、適切な行動

（例えば、相手が渡そうとして差し出した鉛筆を、まるで「見える」かのように素早く受け取る、とか、横か縦か斜めか、どの向きかが「見えない」スリット（細長い穴）に、封筒を差し込む、など）ができるという、「盲視（blindsight）」と呼ばれる驚くべき症例が、知られています。（「盲視」については、V・S・ラマチャンドランほか『脳のなかの幽霊』（角川書店、1999年）の第4章に、詳しい記述があります。この本には、人間の認知機能の興味深い異変や、思いがけない事実が、たくさん紹介されています。）それと似たような症例が、もしも聴覚にもあるならば、「聞こえない」けれども聴覚的な情報処理は行なわれて、目覚まし時計で目が覚める、ということも、ありうるかもしれません。

ただ、視覚は、人間やその他多くの動物にとって最も重要な知覚的情報源なので、視覚の神経系は非常によく発達して複雑になっており、盲視が起こるのはその複雑さのゆえ（進化的に新しい神経経路が破壊されたのに、古い神経経路は生きていることによる）らしいので、それほど複雑ではない聴覚の神経系では、似たことは起こらないのかもしれません。いずれにせよこれは、素人に確定的なことが言える問題ではありません。

しかし、もしも私の予想に反して、聴覚にも「盲視」と同様の事例（聾聴？）があり、「耳が聞こえないのに目覚まし時計で起きられる」人がありうるのだとすれば、②は偽だということになり、すると、①から②への推論の「不適切さ」を取り除くために、①をどのように修正したとしても、②が偽である以上、その推論は「誤りであった」ことになります。とは言え、そもそも誰もが「盲視」のことは知っているはずだ、などと言えるわけでもなく、「聾聴」の可能性を想定しなかったことを、この推論の「欠陥」と呼ぶのは、厳しすぎる評価でしょう。その意味で、「欠陥」はなかったのに「誤って」いた、ということが、ありえます。「不可抗力の誤り」と言ってもよいでしょう。長い間「当然の常識」と思われていたことが、実は誤りだとわかった場合などに、「不可抗力の誤り」は発覚しうるのです。

それでは最後に、この推論の、「暗黙の前提」を組み込んだ構造図を描くことにしましょう。いつものように、まずは自分で考えてみてください。初めに、「暗黙の前提」は無視して、実際に書かれている推論の構造図を描き、そしてそこに、先ほどの「暗黙の前提」(それをAとします)を組み込みましょう。この文章の中には、疑問文や、結論を支持する働きをしていない主張もあるので、それらは「コメント」とします。最終結果は、次のようになります。理由を「列挙」する推論は、「独立」の理由になりますが、「場合分け」の推論は、すべての場合を「考え合わせ」て結論を出すので、「組み合わせ」になります。

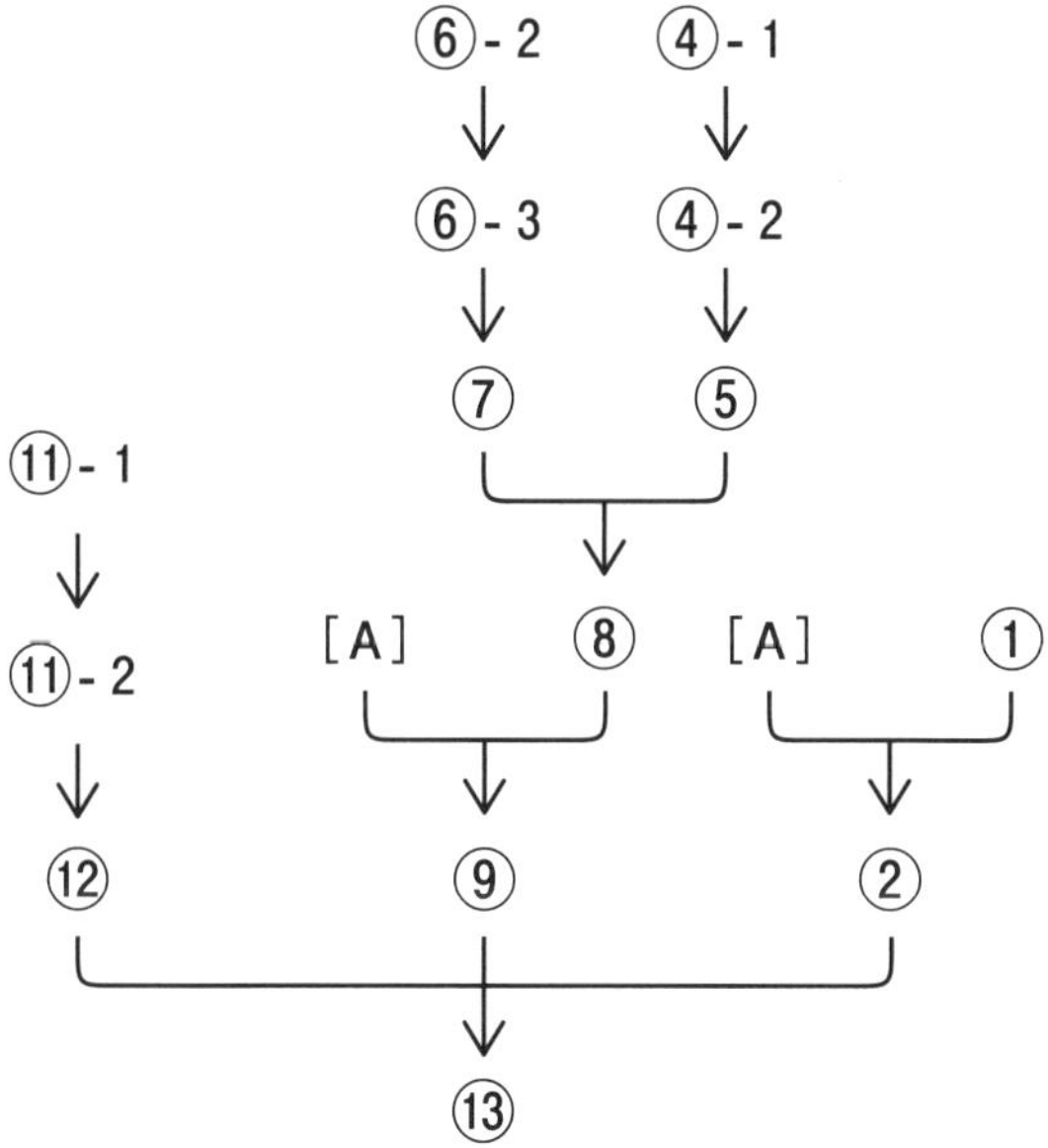


A：目覚まし時計の音で人が目覚めるのは、
その音が聞こえた場合だけである。

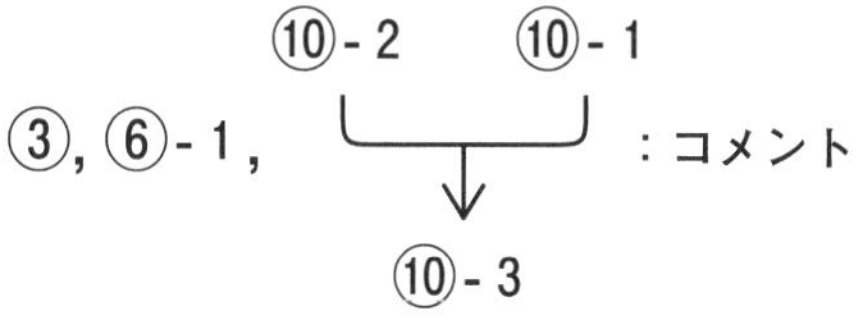

《例題12》　タバコの広告

①タバコの広告が禁じられたら、タバコ会社はみな広告費に費やすはずだったお金を使わないですむことになるだろう。②そこで、タバコ会社はお互いに競争するために、タバコの価格を下げるだろう。③したがって、タバコ広告を禁ずることは、喫煙を増加させることになりそうである。

この文章は、イギリス人が書いたクリティカル・シンキングの教科書（アン・トムソン『論理のスキルアップ——実践クリティカル・リーズニング入門』、春秋社、２００８年）に出てくる例文です（同書、33ページ）。これはなかなか興味深い推論ですね。既に、日本を含めて多くの国で、タバコの広告は禁止されています。そしてその禁止の目的は、タバコの消費（喫煙）を減らすことだと言ってよいでしょう。しかし、もしこの推論が正しいとしたら、タバコの広告を禁止すると、喫煙は増えてしまうのです！　タバコの広告を禁止した多くの国の政府は、「あっ、しまった。そうだったのか！　それに気付かずに、まずいことを決めてしまった。」ということになるのでしょうか？　そうではありません。この推論には欠陥があるのです。ではそれは、どのような欠陥でしょう？　（この推論は、認識根拠と存在根拠を同時に与える、「予測」としての推論です。）

実は私は、日本大学哲学科の1年生を対象に、この教科書を使って、クリティカル・シンキングの授業を9年間やりました。そして毎年、この推論のどこがおかしいのかを来週までに考えてきなさい、という「宿題」を出していたのですが、一人でも「正解」を見付けることができたのは、2年に一度くらいです。（本気で考えた学生がどれくらいいたのかは、わかりませんが）この推論の欠陥を見付け出すのは、結構難しいようです。

この教科書の著者はこの推論について、「もし、タバコがもっと安かったら、喫煙者はより多くタバコを吸うだろう」、あるいは「もし、タバコがもっと安かったら、より多くの人がタバコを吸うだろう」ということが「仮定」されている（本書の言い方では、「暗黙の前提」になっている）、ということを指摘し、そして、「おそらく、これらの仮定は両方とも疑わしい」と述べています（34〜35ページ）。それらが疑わしい理由は、そもそもタバコを吸うか吸わないかは、値段で決めることではなく、初めから吸いたいと思わないとか、健康のためにやめるとかいった、値段以外の要因が大きいからだ、と述べています（113ページ）。この著者の説明を、皆さんはどう思いますか？　そのような「暗黙の前提」があることが、この推論の欠陥なのでしょうか？　ここはじっくりと考えてみてください。

私は、この説明は間違っていると思います（そうでなければ、先ほどのような「宿題」は出しません）。ポイントは二つあります。

まず第一に、この推論はかなりの一般性をもっていて、タバコに限らず、何の広告についても、同じような推論が作れます。「自動車の広告が禁じられたら……」、「腕時計の広告が禁じられたら……」、と考えてみてください。Xが何であっても、もしもXの広告が禁じられたら、Xの会社は広告費を使わないですむので、コストが下がり、価格競争のためにXの値段を下げるだろう。だから、Xの広告が禁じられたら、Xの売り上げは増えるだろう、というわけです。しかし、Xが何であっても、Xの広告が禁じられるとその売り上げが増えるというのは、おかしな話です。けれども著者は、そのおかしさの理由を、タバコという特定の商品の特徴に基づいて、説明していました。何の広告にも当てはまるこのような推論の難点を、特定の商品の特徴に基づいて説明することは、できるはずがありません。これが、第一のポイントです。

そして第二のポイントは、この推論（何の広告についてであれ）では、広告が禁じられると広告がなくなり、広告がもっている売り上げを増やす効果もなくなる、ということが、完全に無視されている、ということです。これが、この推論の決定的な欠陥です。売り上げを増やすという広告の効果がなくなれば、値下げによる売り上げ増加を相殺することになるでしょう。（「広告が禁止されても、法律を破って広告を出し続ける会社があったら、広告はなくならないぞ！」と言われるかもしれません。しかしその場合、「広告費を使う」ことになるので、この推論も成り立ちません。この推論では、「タバコ会社は広告禁止の法律に従う」ということが、「暗黙の前提」になっています。）

売り上げに対する、広告消滅による「押し下げ効果」と、広告費相当分の値下げ（もし値下げをしたとすると）による「押し上げ効果」とのどちらが勝つかについて、正確に論じるのは難しいかもしれません。しかし、各国がタバコ広告の禁止に向かっているのは、各国政府が「広告の力」の方が勝つ、と見ているからだと思います。もし、広告費を使って広告を出すよりも、広告をやめて、広告費分の値下げをした方が売り上げが増えるのであれば、世の中に広告などというものが存在するはずが、ないのではないでしょうか？

「広告の力」が無視されている、ということに気付かれた読者は、どのくらいおられるのでしょうか。先ほど述べたように、私の経験では、これに気付いてくれる人は、非常に少なく、しかも、この例文を取り上げた教科書の著者自身が、見落としてしまったのです！

「広告は、売り上げを増やすためにある」というのは、広告の「本質」と言ってもよいことであり、それが無視されていることは、「言われてみれば明らか」なことなのに、「広告費」の話が大きく取り上げられることによって注意がそらされて、それが見落とされてしまうのです。これは、「考慮すべき重大な要因の見落とし」です。

3・4節で紹介した「多義性の誤謬」や、この節の例題10で紹介した「必要条件と十分条件との取り違え」もそうですが、「ふとした勘違い」、「ふとした見落とし」は、誰にでもありうるのです。この例から学ぶべき教訓は、色々な推論を評価するとき、もしかすると「言われてみれば明らか」な見落としもあるかもしれない、というつもりで考えるべきだ、ということではないかと思います。「あるものに気付くよりも、ないものに気付く方が難しい」(例えば、机の上に鉛筆があることに気付くよりも、消しゴムがないことに気付く方が難しい)、と言われることがありますが、文章に「書かれていないこと」に気付くのは、それが明らかに重要なことであっても、結構難しい場合があるのです。

この本は、これでおしまいです。読者の皆さんには、この本に最後までつきあってくださったことに、感謝申し上げます。しかし、「論理的思考力の訓練」には、「おしまい」はありません。これからも、色々な機会をとらえて「自己訓練」を続け、論理的思考力のブラッシュ・アップを続けてくださることを、願っています。

# 練習問題解答・解説

## 第1章

### 練習問題1－1

(1) 推論である。
理由：少子高齢化が進むと、様々な産業で働き手が足りなくなる。
結論：元気な高齢者には、働き続けてもらうことが望ましい。
(2) 推論ではない。
(3) 推論ではない。
(4) 推論である。
理由：(この夏は)例年に較べて気温が非常に高くなると予想されている。
結論：この夏は、電力供給が不足する心配がある。
(5) 推論である。
理由：人が夢を見ているときには、普通それを現実だと思っている。
結論：いまあなたは、この本を読んでいると思っているだろうが、これは夢かもしれない。

**練習問題1－2**

**(1)**－(b)、**(2)**－(a)、**(3)**－(a)、**(4)**－(b)、**(5)**－(c)。

第2章

**練習問題2－1**

**(1)** 組み合わせ、**(2)** 独立、**(3)** 組み合わせ。

**練習問題2－2**

②-1
↓
②-2
↓
②-3
↓
①

②－1：1日に20分ほど早歩きをすると、脳の血流がよくなる。
②－2：1日に20分ほど早歩きをすると、脳が活性化する。
②－3：1日に20分ほど早歩きをすると、認知症になりにくくなる。
①：最終結論、②－1：基本理由、②－2：中間結論、②－3：中間結論。

## 練習問題2-3

(1)

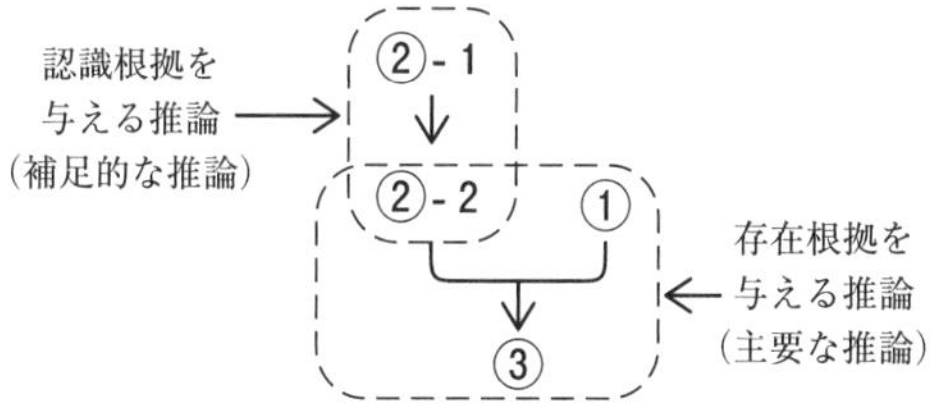
認識根拠を
与える推論
(補足的な推論)
②-1
②-2
①
③
存在根拠を
与える推論
(主要な推論)

(2)

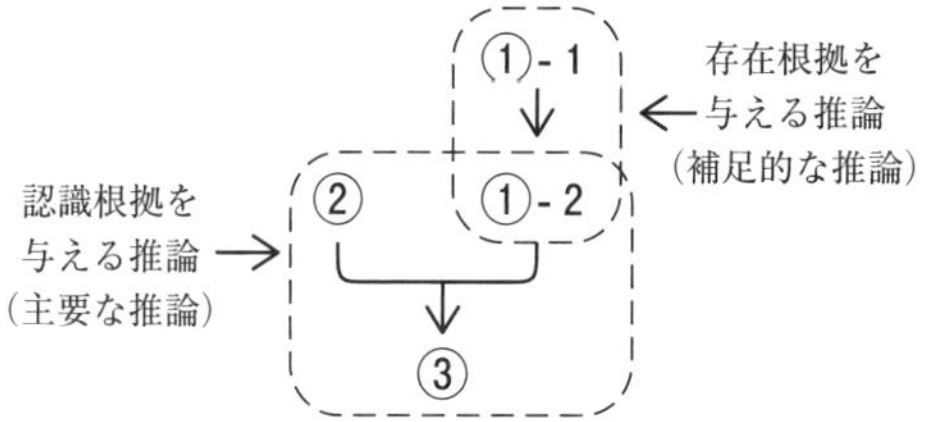
①-1
存在根拠を
与える推論
(補足的な推論)
認識根拠を
与える推論
(主要な推論)
②
①-2
③

## 練習問題2－4

（1）

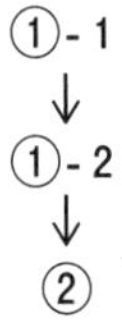


（2）

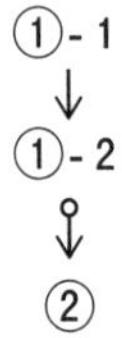


なお、（1）の推論は全体として存在根拠を与える推論ですが、（2）では、最初のステップは存在根拠を与える推論であり、2番目の「推論の主張化」のステップは、認識根拠を与える推論です。しかし、推論の主張化の推論はすべて認識根拠（だけ）を与える推論だ、というわけではありません。様々な種類がありえます。この話の初めに挙げた、雑菌の繁殖と督促状の例（120ページ）はどちらも、（「推論の主張化」のステップは）認識根拠と存在根拠の両方を与える推論です。ここの（2）も、本文の二つの例文も、「2種類の推論の混在」の事例です。

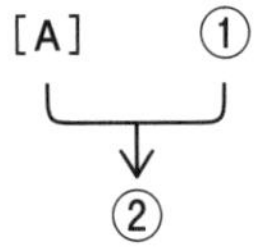


（1）構造図

## 練習問題2－5

**（1）** 構造図は上記。暗黙の前提の例（A）：東京－札幌間の航空路線には、適切な時間帯にある程度多くの便が設定されている。（そうでなければ、たとえ所要時間があまり長くなくても、「日帰り出張」はできません。）

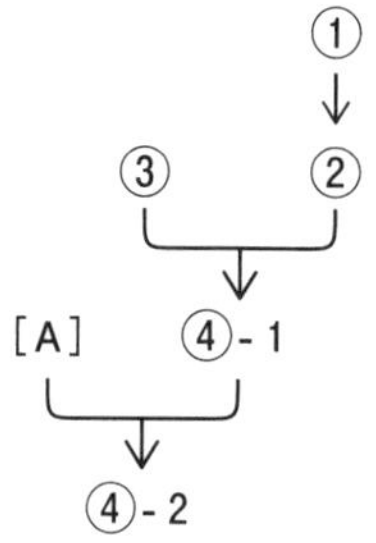


（2）構造図

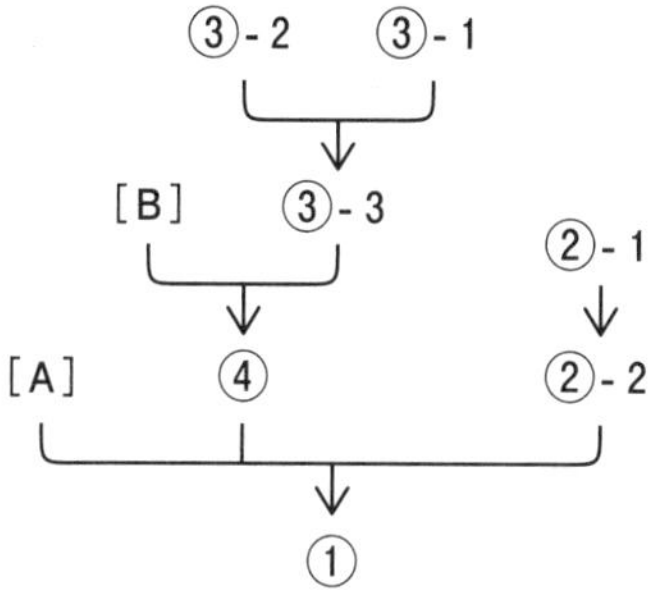


（3）構造図

**(2)** 構造図は上記（右）。暗黙の前提の例（A）：ほとんど日が当たらない窓のガラスをUVカットにすることは、意味がない。（日光が反射した光に含まれる紫外線が結構強いこともありうるので、この前提は怪しいかもしれません。）

**(3)** 構造図は上記（左）。暗黙の前提の例（A）：忍耐力は、がまんの経験を積むことによって（のみ）強化される。（むしろ、乳幼児期の「満足」の経験が豊富なほど、忍耐力が強くなる、といった可能性はないのかどうか、検討の余地があるかもしれません。）

（B）：「買い与える」もの以外で、子供ががまんしなければならないものはない。（これは本当でしょうか？　一緒に遊びたい子が遊んでくれない、道路の向こう側に仲よしの子がいるのに、信号が赤の間は、待たなければならない。色々な予防注射は、痛いけれど、がまんして打たなければならない、など。）

それぞれの主張については、第2章107〜109ページを参照。また、AとBとが別の場所に入っていることに注意。

## 練習問題2-6

④-1
↓
④-2
↓
⑤-1
↓
⑤-2
↓
①

②, ③：コメント

## 練習問題2-7

（1）

②-1, ②-2, [A]
↓
③
↓
④
↓
⑤-1
↓
⑤-2, [B]
↓
⑤-3
↓
⑥

①：コメント

（a）認識根拠と存在根拠の両方を与える推論。

（b）補足を加えた主張を、補足部分に傍線を付けて、以下に示します。

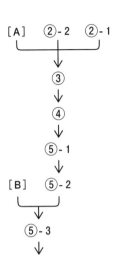

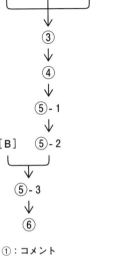

④：もし草食動物や雑食動物がいなくなると、動物たちは、消費する栄養をお互いに「食うか食われるか」によって、あるいは「食物連鎖」の序列にしたがって「弱い」ものから食べられることによって、動物界の内部から得るほかはない。

⑤－1：もし草食動物や雑食動物がいなくなると、動物界全体は栄養を消費するばかりになる。

⑤－2：もし草食動物や雑食動物がいなくなると、やがてすべての動物が、栄養を消費し尽くすであろう。

⑤－3：もし草食動物や雑食動物がいなくなると、すべての動物が死に絶えるであろう。

（c）A：動物が栄養を得る方法は、根からの吸収や光合成ができないとすると、「食べる」という形以外にはない。

B：動物（あるいは生物）は、消費した栄養を補給しないと、生きていけない。

以下、いくつかの注釈。

◎（c）のAで、「根からの吸収や光合成ができないとすると」と書いたのは、もしそれを書かずに、「動物が栄養を得る方法は、「食べる」という形以外にはない」という「暗黙の前提」がある、と言うと、「根からの吸収や光合成ができない」ことも「暗黙の前提」に含まれることになってしまうからです。それらができないことは、暗黙の前提ではなく、文章の中に明示的に述べられています。

◎地球上には、シアノバクテリアと呼ばれる光合成を行なう微生物が、いたるところに大量に存在しており、その微生物は、地表に生えている植物全体とほぼ同じ量の二酸化炭素を吸収して、酸素を排出しているそうです。その微生物を人工的に大量に増やせば、温暖化対策になりそうに思えますが、それは別として、もしそういった微生物が動物の体の表面に住み着いたりして、光合成で作られる栄養分を動物の体内に「注入」してくれれば、動物も、「食べる」という形以外で栄養を得ることができるでしょう。この推論では、そのようなことはない、ということが、暗黙の前提となっているのです。

◎この文章では、「動物は光合成をしない」と断定していますが、最近では、光合成をする動物（ウミウシの仲間）も見つかっているそうで、生物の世界は実際には、なかなか単純な割り切り方を許してくれないようです。

(2)

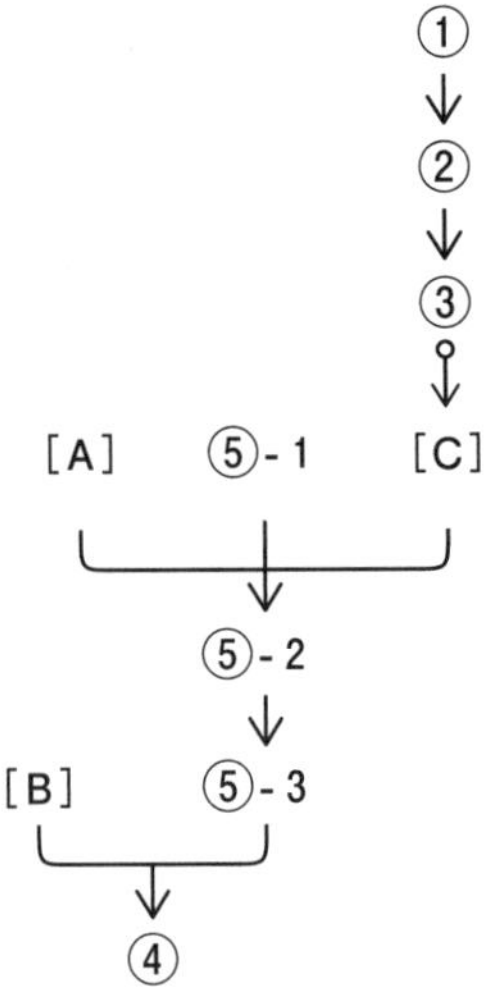


C：②が③の理由（原因）である。

（a）認識根拠と存在根拠の両方を与える推論。
（b）補足を加えた主張を、補足部分に傍線を付けて、以下に示します。
②：公務員だったり民間企業に勤めていたりした人が立候補したとき、落選した場合や議員の任期が終わったときには、職を失うことになる。
⑤-1：そうすれば（つまり、④の制度を採用すれば）、公務員だったり民間企業に勤めていたりした人が立候補したとき、落選した場合や議員の任期が終わったときにも、職を失う心配がなくなる。
⑤-2：そうすれば、いまよりもずっと多くの、政治に対して意欲と能力のある人たちが立候補するようになる。
⑤-3：そうすれば、日本の政治家のレベルも上がるであろう。
（c）A：日本には、政治に対して意欲と能力がありながら、失職の不安から議員選挙に立候補をしていない人たちが、たくさんいる。
B：④で提案されている制度は、再雇用を義務づけられる側の企業や役所にとって、過剰な負担にはならない。
以下、いくつかの注釈。
◎③の下には、「推論の主張化」の記号「♀」が付いており、その下に「述べられていない中間結論」を挿入しました。その内容は、「失職の問題が、立候補が難しい理由（原因）になっている」ということです。それが、⑤-1（④の制度を採用すれば、失職の心配がなくなる)、およびAと組み合わされて、⑤-2へと導いています。
◎④文頭の「そこで」は結論表示語ですが、最終結論である④を支持する理由は、④の後の⑤にも続いているので、これは結論表示語の「変則的」な用法(96~99ページ)になっています。
◎最近日本では、地方の小さな自治体の議会議員になろうとする人が少なくなってきたために、ここで提案されているのと似た制度が検討されていますが、その際、雇用する側の負担が、検討課題になっているようです。

**(3)**

構造図は左ページ。
(a)2種類の推論の混在。(全体は存在根拠を与える推論。そのうち、構造図の破線で囲んだ部分は、認識根拠を与える推論でもある。)
(b)①-2の初めに、「サッカーのゴールキーパーは」を補足する。
(c)特に注意すべき「暗黙の前提」はないので、構造図には暗黙の前提を組み込みませんでしたが、強いて言えば、次のAが前提されていると言ってもよいでしょう。
A:横幅7メートル以上のゴール枠を、何の苦もなくカバーしてしまうほど巨大な人間は、存在しない。(これは、⑥を導くために⑤と組み合わされます。)

以下、いくつかの注釈。

◎⑦の下に「推論の主張化」の記号があります。①‐2と組み合わせて最終結論⑩を導くために使われる主張は、ここで話題となっている跳び方が単に「普通の人の跳び方ではない」ということ（つまり⑦の主張）ではなく、それが「普通の人の跳び方ではない」理由（原因）が、この跳び方が「かなり難しい」ことだ、という主張です。したがって、ここで「主張化」されているのは、⑨‐1から（⑨‐2を経て）⑦への推論です。「普通の人の跳び方ではない」としても、例えば「必ず一回舌を出してから跳ぶ」（これは「普通の人の跳び方ではない」ですね）というように、特に難しいわけではない場合には、「特殊な訓練を積む」必要はないでしょう。

◎①‐2は、「事実報告」が意図されていると取るのが

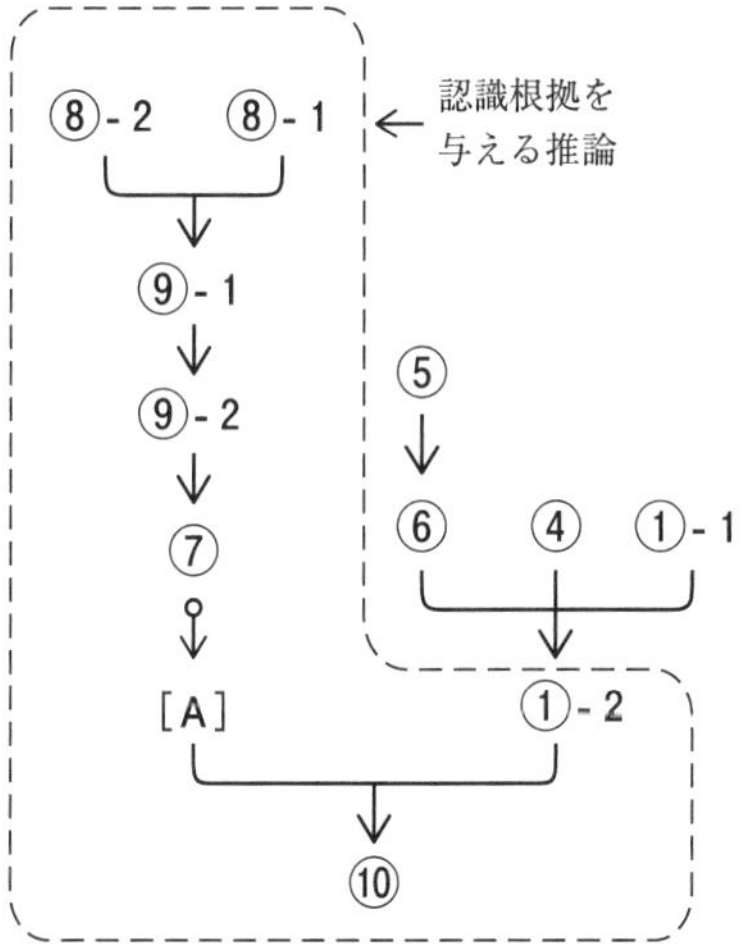


②, ③：コメント

A：⑨-1が⑦の理由（原因）である。

（3）構造図

自然でしょう。したがって、構造図右側の①-2に到るまでの推論は、「認識根拠を与える推論」には属さない、と考えるのが最も自然だと思います。（しかし、①-2の事実を知らない人に対して、認識根拠を与える働きをする可能性はあります。116ページ参照。）

## 第3章

### 練習問題3-1

（1）答え：FC東京が横浜F・マリノスに、勝点差6または7をつけられている場合。

解説：「直接対決」なしで2試合に勝つことが必要だということは、最低でも2試合に勝たないと、たとえ横浜が今後勝点をまったく増やさなかったとしても、東京は優勝できない、ということです。（もし「直接対決」があると、東京がそれに勝たない――負けか引き分けの――場合には、どうしても横浜に勝点が生じます。しかしそれについては、考えなくてよいことにしました。）

また、2試合に勝つことが必要だということは、当然ながら、1試合に勝っただけでは足りない、ということです。では、残り3試合のうちの1試合だけに勝った場合に得られる最大の勝点は、いくつでしょうか？　それは5です。ここでは、「引き分け」も考慮に入れる必要があります。もし、1試合に勝ってあとの2試合で引き分けた場合（これが最大で、勝点5の積み増しになります）でも、優勝する可能性が（今の段階で）あるならば、「2試合に勝つことが必要」ではありません。ということは、今後勝点を最低でも6積み増すことが必要なのです。ということは、現在、首位マリノスに勝点差6以上をつけられている、ということです。（勝点で追いついて並べば、得失点差で優勝する可能性が出てきます。）しかし、3試合すべてに勝つ必要は（今の段階では）ありません。ということは、2試合に勝った場合の最大勝点（7）を超えるほどの勝点差は、つけられていない、ということです。したがって、FC東京は横浜F・マリノスに、勝点差6または7をつけられているのです。

なお、何度か「いまの段階で」という限定を付けましたが、優勝するための必要条件や十分条件は、試合消化が進んでゆくにつれて、変化してゆきます。「いまの段階では」3試合すべてに勝つことは必要条件ではないとしても、「次の段階（節）」でマリノスが勝てば、結局全部勝つことが必要条件になり、さらに進めば、優勝は不可能になったりすることも、もちろんありえます。

(2) 答え：FC東京が横浜F・マリノスを、勝点で4〜6上回っている場合。

解説：2試合に勝つことが、FC東京が優勝するための「十分条件」だというのは、2試合に勝てば、それ以上の条件（例えば、残りの1試合は引き分ける、など）なしで、マリノスがどんなにがんばっても（つまり、残り3試合すべてに勝って、勝点9を積み増しても）、FC東京には追いつけない、ということです。横浜が9積み増しても追いつけないためには、現在の横浜よりも10以上多い勝点に到達すればよいので、結局、東京が2試合に勝って6積み増すと、現在の横浜より10以上多い勝点に到達する、ということです。したがって、東京の現在の勝点は、横浜より4以上多い、ということになります。

そして、1試合に勝つことは優勝のための「十分条件」ではない、というのは、勝点を3積み増しただけでは、現在の横浜より10以上多くはならない、つまり、せいぜい9までしか多くはならない、ということです。そこで、現在東京が横浜に対してつけている勝点差は、せいぜい6まででです。

こうして、FC東京はマリノスを勝点で4〜6上回っている、ということになります。

もし自分が出した答えに自信がもてないときは、答えの範囲内の一つ一つの場合について、東京があと1勝したとき、あと2勝したとき、どういう可能性があるかを確認すると、「よし、間違いない」と思えるようになるでしょう。

**練習問題3-2**

既に本文の中でいくつかの例を挙げたので、ここは自分で空想を広げて、別の例を考えてみてください。

**練習問題3-3**

それぞれ一例を挙げれば、

男女別「内訳」:「今年の高卒の大学進学者全体の中で、女性は……%、男性は……%である。」

男女別「進学率」:「今年の高卒者の中で大学に進学した人の割合は、女性の中では……%、男性の中では……%である。」

## 練習問題3－4

以下の三つの場合を挙げることができるでしょう。

◎18歳人口に大きな変化はなかったが、その年代の高校進学率が10年前の高校卒業年代より低かった場合。（その場合、高校卒業者数が少なくなるため、大学進学率が多少高くなっても、進学者の「数」は少なくなる可能性がある。）

◎その年の高校卒業年代の高校進学率に大きな変化はなかったが、その年代の人口（18歳人口）が10年前より少なかった場合。（その場合も、高校卒業者数が少なくなる。）

◎18歳人口と、その年代の高校進学率との両方が、10年前より少なかった場合。

## 練習問題3－5

例えば、「東京都と沖縄県とで、100歳以上の人の数がほぼ同じである」としたら、そこから何が推論できるでしょう？　沖縄県の人口は、東京都の約1/10です。その中で、100歳以上の人の数が同じだということは、沖縄県では、人口全体の中で100歳以上の人が占める割合が、東京都の約10倍だということです。その場合には、沖縄の人たちはかなり長生きだと言えるでしょう。

本文の、米国とカナダの殺人事件の例は、「数がほぼ同じ」ものが否定の形（銃を使わない殺人事件）になっていて、そこから肯定型（銃を使う殺人事件）についての推論をするという、「ひとひねり」加えたものでした。そのような例としては、「日本とオーストラリアで、タバコを吸わないい成人男性の数がほぼ同じである」という情報を考えることができます。そこから何が言えるか、そのためには何を調べる必要があるか、自分で考えてみてください。まだまだその他、じっくりと考えてみれば、色々な例を思い付けるかもしれません。

**練習問題3－6**

本文でいくつもの例を挙げたので、これ以上は挙げません。「ない」を付けた表現を、次から次へと考えていけば、見付かると思います。

**練習問題3－7**

人類進歩の信念状況：（1）人類は進歩すると信じている。（2）人類は進歩するともしないとも、信じていない。（3）人類は進歩しないと信じている。

感染確認状況：（1）感染していると確認された。（2）感染しているとも、していないとも、確認されていない。（3）感染していないと確認された。

決定論の根拠状況：（1）決定論は正しいという根拠がある。（2）決定論が正しいという根拠も、正しくないという根拠も、ない。（3）決定論は正しくないという根拠がある。

第4章

**練習問題4－1**

（1）解答例：テロリストが爆弾を仕掛けた。大地震が起こった。地下に設置されていたガスボンベが爆発した。手抜き工事で、あるいは設計ミスで、建物の強度が極度に不足していた。

（2）解答例：誘拐された。家族との確執があり、家出した。恋人ができたが、誰にも言えない事情があり、駆け落ちした。山登りに行って、遭難した。

## 練習問題4-2

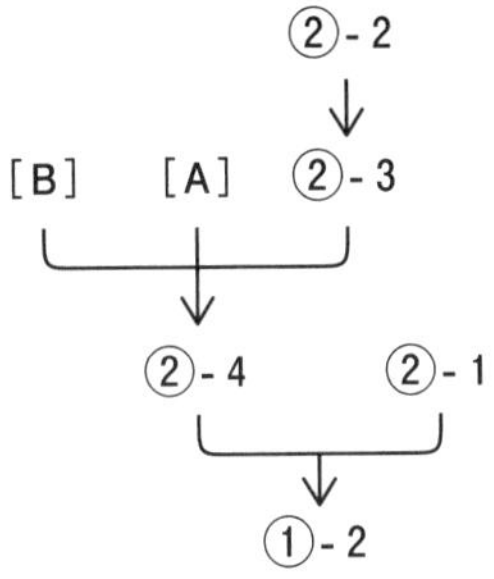


①-1：コメント

A：前のテナントが撤退した後には、多くの場合、次のテナントが入る。
B：テナントが変わったときには、多くの場合、店内の改装が行なわれる。

## 練習問題4-3

おそらく、考慮すべき最も重要な要因は、電車内での携帯通話がもつどのような特徴が、他の乗客への迷惑になりうるのか、という点でしょう。電車内での携帯通話禁止の規則が初めて作られたとき、何が迷惑と考えられたかの記録は、歴史的経緯を知るための証拠となるでしょう。そのときのアンケート調査結果などが残っていれば、貴重な資料です。ただし、「珍しさ」のように、時代と共に変化する事情もあるので、改めて調査をする必要があるかもしれません。また、もし電車内通話が許可されたら、多くの人たちが通話するようになるのかどうかも、アンケートなどで調査すべき点でしょう。

ちくま新書
1757

# 実践《じっせん》！ クリティカル・シンキング

二〇二三年一〇月一〇日 第一刷発行

著者 丹治信春（たんじ・のぶはる）

発行者 喜入冬子

発行所 株式会社 筑摩書房
東京都台東区蔵前二-五-三 郵便番号一一一-八七五五
電話番号〇三-五六八七-二六〇一（代表）

装幀者 間村俊一

印刷・製本 三松堂印刷 株式会社



ISBN978-4-480-07555-0 C0210

# ちくま新書

008 ニーチェ入門 竹田青嗣

新たな価値をつかみなおすために、今こそ読まれるべき思想家ニーチェ。現代の我々をも震撼させる哲人の核心に大胆果敢に迫り、明快に説く刺激的な入門書。

020 ウィトゲンシュタイン入門 永井均

天才哲学者が生涯を賭けて問いつづけた「語りえないもの」とは何か。写像・文法・言語ゲームと展開する特異な思想に迫り、哲学することの妙技と魅力を伝える。

029 カント入門 石川文康

哲学史上不朽の遺産『純粋理性批判』を中心に、その哲学の核心を平明に読み解くとともに、哲学者の内面のドラマに迫り、現代に甦る生き生きとしたカント像を描く。

071 フーコー入門 中山元

絶対的な〈真理〉という〈権力〉の鎖を解きはなち、〈別の仕方〉で考えることの可能性を提起した哲学者、フーコー。一貫した思考の歩みを明快に描きだす新鮮な入門書。

081 バタイユ入門 酒井健

西欧近代への徹底した批判者でありつづけた「死とエロチシズム」の思想家バタイユ。その豊かな情念に貫かれた思想を明快に解き明かす、若い読者のための入門書。

200 レヴィナス入門 熊野純彦

フッサールとハイデガーに学びながらも、ユダヤの伝統を継承し独自の哲学を展開したレヴィナス。収容所体験から紡ぎだされた強靭で繊細な思考をたどる初の入門書。

265 レヴィ＝ストロース入門 小田亮《まこと》

若きレヴィ＝ストロースに哲学の道を放棄させ、ブラジル奥地へと駆り立てたものは何か。現代思想に影響を与えた豊かな思考の核心を読み解く構造人類学の冒険。

## ちくま新書

277 ハイデガー入門 細川亮一
二〇世紀最大の哲学書『存在と時間』の成立をめぐる謎とは？ 難解といわれるハイデガーの思考の核心を読み解き、西洋哲学が問いつづけた「存在への問い」に迫る。

301 アリストテレス入門 山口義久
論理学の基礎を築き、総合的知の枠組をつくりあげた古代ギリシア哲学の巨人。その思考の方法と核心に迫り、知の探究の軌跡をたどるアリストテレス再発見！

482 哲学マップ 貫成人
難解かつ広大な「哲学」の世界に踏み込むにはどうしても地図が必要だ。各思想のエッセンスと思想間のつながりを押さえて古今東西の思索を鮮やかに一望する。

533 マルクス入門 今村仁司
社会主義国家が崩壊し、マルクス主義が後退した今、マルクスを読みなおす意義は何か？ 既存のマルクス像からはじめて自由になり、新しい可能性を見出す入門書。

545 哲学思考トレーニング 伊勢田哲治
哲学って素人には役立たず？ 否、そこは使える知のツールの宝庫。屁理屈や権威にだまされず、筋の通った思考を自分の頭で一段ずつ積み上げてゆく技法を完全伝授！

589 デカルト入門 小林道夫
デカルトはなぜ近代哲学の父と呼ばれるのか？ 行動人としての生涯と認識論・形而上学から自然学・宇宙論におよぶ壮大な知の体系を、現代の視座から解き明かす。

666 高校生のための哲学入門 長谷川宏
どんなふうにして私たちの社会はここまできたのか。「知」の在り処はどこか。ヘーゲルの翻訳で知られる著者が、自身の思考の軌跡を踏まえて書き下ろす待望の書。

# ちくま新書

695 哲学の誤読 ——入試現代文で哲学する！ 入不二基義
哲学の文章を、答えを安易に求めるのではなく、思考の対話を重ねるように読み解いてみよう。入試問題の哲学文を「誤読」に着目しながら精読するユニークな入門書。

776 ドゥルーズ入門 檜垣立哉
没後十年以上を経てますます注視されるドゥルーズ。哲学史的な文脈と思想的変遷を踏まえ、その豊かなイマージュと論理を読む。来るべき思想の羅針盤となる一冊。

832 わかりやすいはわかりにくい？ ——臨床哲学講座 鷲田清一
人はなぜわかりやすい論理に流され、思い通りにゆかず苛立つのか——常識とは異なる角度から哲学的に物事を見る方法をレッスンし、自らの言葉で考える力を養う。

907 正義論の名著 中山元
古代から現代まで「正義」は思想史上最大のテーマのひとつでありつづけている。プラトンからサンデルに至る主要な思想のエッセンスを網羅し今日の課題に応える。

922 ミシェル・フーコー ——近代を裏から読む 重田園江
社会の隅々にまで浸透した「権力」の成り立ちを問い、常識的なものの見方に根底から揺さぶりをかけるフーコー。その思想の魅力と強靭さをとらえる革命的入門書！

944 分析哲学講義 青山拓央
現代哲学の全領域に浸透した「分析哲学」。言語のはたらきの分析を通じて世界の仕組みを解き明かすその手法は切れ味抜群だ。哲学史上の優れた議論を素材に説く！

964 科学哲学講義 森田邦久
科学的知識の確実性が問われている今こそ、科学の正しさを支えるものは何かを、根源から問い直さねばならない！　気鋭の若手研究者による科学哲学入門書の決定版。

967
功利主義入門
——はじめての倫理学
児玉聡
「よりよい生き方のために常識やルールをきちんと考えなおす」技術としての倫理学において「功利主義」は最有力のツールである。自分で考える人のための入門書。

1060
哲学入門
戸田山和久
言葉の意味とは何か。私たちは自由意志をもつのか。人生に意味はあるか……こうした哲学の中心問題を科学が明らかにした世界像の中で考え抜く、常識破りの入門書。

1076
感情とは何か
——プラトンからアーレントまで
清水真木
「感情」の本質とは何か？ 感情をめぐる哲学的言説の系譜を整理し、それぞれの細部を精神史の文脈に置きなおす。哲学史の新たな読みを果敢に試みる感情の存在論。

1083
ヨーロッパ思想を読み解く
——何が近代科学を生んだか
古田博司
なぜ西洋にのみ科学的思考が発達したのか。その秘密をカント、ニーチェ、ハイデガーらに探り、西洋独特の思考パターンを対話形式で読み解く。異色の思想史入門。

1103
反〈絆〉論
中島義道
東日本大震災後、列島中がなびいた〈絆〉という価値観。だがそこには暴力が潜んでいる？ 〈絆〉からの自由は認められないのか。哲学にしかできない領域で考える。

1119
近代政治哲学
——自然・主権・行政
國分功一郎
今日の政治体制は、近代政治哲学が構想したものだ。ならば、その基本概念を検討することで、いまの民主主義体制が抱える欠点も把握できるはず！ 渾身の書き下し。

1143
観念論の教室
冨田恭彦
私たちに知覚される場合だけ物は存在すると考える「観念論」。人間は何故この考えにとらわれるのか。元祖観念論者バークリを中心に「明るい観念論」の魅力を解く。

# ちくま新書

1165 プラグマティズム入門 伊藤邦武

これからの世界を動かす思想として、いま最も注目されるプラグマティズム。アメリカにおけるその誕生から最新の研究動向まで、全貌を明らかにする入門書決定版。

1229 アレント入門 中山元

生涯、全体主義に対峙し、悪を考察した思想家ハンナ・アレント。その思索の本質を『全体主義の起原』『イェルサレムのアイヒマン』などの主著を通して解き明かす。

1281 死刑 その哲学的考察 萱野稔人

死刑の存否をめぐり、鋭く意見が対立している。「結論ありき」でなく、死刑それ自体を深く考察することで、これまでの論争を根底から刷新する、究極の死刑論！

1322 英米哲学入門 ——「である」と「べき」の交差する世界 一ノ瀬正樹

夢と現実って本当に区別できるの？ この世界に実は因果関係なんて存在しない？ 哲学の根本問題を経験や言語を足場に考え抜く、笑いあり涙あり（？）の入門講義。

1460 世界哲学史1 ——古代Ⅰ 知恵から愛知へ 〔責任編集〕伊藤邦武／山内志朗 中島隆博／納富信留

人類は文明の始まりに世界と魂をどう考えたのか。古代オリエント、旧約聖書世界、ギリシアから、中国、インドまで、世界哲学が立ち現れた場に多角的に迫る。

1461 世界哲学史2 ——古代Ⅱ 世界哲学の成立と展開 〔責任編集〕伊藤邦武／山内志朗 中島隆博／納富信留

キリスト教、仏教、儒教、ゾロアスター教、マニ教などの宗教的思考について哲学史の観点から領域横断的に検討。「善悪と超越」をテーマに、宗教的思索の起源に迫る。

1462 世界哲学史3 ——中世Ⅰ 超越と普遍に向けて 〔責任編集〕伊藤邦武／山内志朗 中島隆博／納富信留

七世紀から一二世紀まで、ヨーロッパ、ビザンツ、イスラーム世界、中国やインド、そして日本の多様な形而上学の発展を、相互の豊かな関わりのなかで論じていく。

# ちくま新書

1751 **問いを問う**
——哲学入門講義
入不二基義

哲学とは、問いの意味そのものを問いなおし、自ら視点の転換をくり返す思考の技法だ。四つの根本的問題を素材に、自分の頭で深く、粘り強く考えるやり方を示す。

001 **貨幣とは何だろうか**
今村仁司

人間の根源的なあり方の条件から光をあてて考察する貨幣の社会哲学。世界の名作を「貨幣小説」と読むなど貨幣への新たな視線を獲得するための冒険的論考。

132 **ケアを問いなおす**
——〈深層の時間〉と高齢化社会
広井良典

高齢化社会において、老いの時間を積極的に意味づけてゆくケアの視点とは？ 医療経済学、医療保険制度、政策論、科学哲学の観点からケアのあり方を問いなおす。

377 **人はなぜ「美しい」がわかるのか**
橋本治

「美しい」とはどういう心の働きなのか？「合理性」や「カッコよさ」とはどう違うのか？ 日本の古典や美術に造詣の深い、活字の鉄人による「美」をめぐる人生論。

395 **「こころ」の本質とは何か**
——統合失調症・自閉症・不登校のふしぎ
シリーズ・人間学⑤
滝川一廣

統合失調症、自閉症、不登校——。これら三つの「こころ」の姿に光を当て、「個的」でありながら「共同的」でもある「こころ」の本質に迫る、精神医学の試み。

569 **無思想の発見**
養老孟司

日本人はなぜ無思想なのか。それはつまり、「ゼロ」のようなものではないか。「無思想の思想」を手がかりに、日本が抱える諸問題を論じ、閉塞した現代に風穴を開ける。

881 **東大生の論理**
——「理性」をめぐる教室
高橋昌一郎

東大生は理詰めで、知的で、クールなの？ 東大の論理学講義で行った対話をもとにして、その発想、論法、倫理にふれる。理性の完全性を考えなおす哲学エッセイ。

# ちくま新書

946
日本思想史新論
――プラグマティズムからナショナリズムへ
中野剛志
日本には秘められた実学の系譜があった。『TPP亡国論』で話題の著者が、伊藤仁斎、荻生徂徠、会沢正志斎、福沢諭吉の思想に、日本の危機を克服する戦略を探る。

990
入門　朱子学と陽明学
小倉紀蔵
儒教を哲学化した朱子学と、それを継承しつつ克服しようとした陽明学。東アジアの思想空間を今も規定するその世界観の真実に迫る、全く新しいタイプの入門概説書。

1039
社会契約論
――ホッブズ、ヒューム、ルソー、ロールズ
重田園江
この社会の起源には何があったのか。ホッブズ、ヒューム、ルソー、ロールズの議論を精密かつ大胆に読みなおし、近代の中心的思想を今に蘇らせる清冽な入門書！

1043
新しい論語
小倉紀蔵
『論語』はずっと誤読されてきた。それは孔子をシャーマンとして捉えてきたからだ。アニミズム的世界観に基づく新解釈を展開。東アジアの伝統思想の秘密に迫る。

1079
入門　老荘思想
湯浅邦弘
俗世の常識や価値観から我々を解き放とうとする「老子」と「荘子」の思想。新発見の資料を踏まえてその教えをじっくり読み、謎に包まれた思想をいま解き明かす。

1099
日本思想全史
清水正之
外来の宗教や哲学を受け入れ続けてきた日本人。その根底に流れる思想とは何か。古代から現代まで、この国のものの考え方のすべてがわかる、初めての本格的通史。

1146
戦後入門
加藤典洋
日本はなぜ「戦後」を終わらせられないのか。その核心にある「対米従属」「ねじれ」の問題の起源を世界戦争に探り、憲法九条の平和原則の強化による打開案を示す。

1182
カール・マルクス
——「資本主義」と闘った社会思想家
佐々木隆治
カール・マルクスの理論は、今なお社会変革の最強の武器であり続けている。最新の文献研究からマルクスの実像に迫ることで、その思想の核心を明らかにする。

1183
現代思想史入門
船木亨
ポストモダン思想は、何を問題にしてきたのか。生命、精神、歴史、情報、暴力の五つの層で現代思想をとらえなおし、混迷する時代の思想的課題を浮き彫りにする。

1213
農本主義のすすめ
宇根豊
農は資本主義とは相いれない。社会が行き詰まり、自然が壊れかかっているいま、あらためて農の価値を見つめ直す必要がある。戦前に唱えられた思想を再考する。

1245
アナキズム入門
森元斎
国家なんていらない、ひたすら自由に生きよう——プルードン、バクーニン、クロポトキン、ルクリュ、マフノの思想と活動を生き生きと、確かな知性で描き出す。

1259
現代思想の名著30
仲正昌樹
近代的思考の限界を超えようとした現代思想。難解なものが多いそれらの名著を一気に30冊解説する。知っているつもりになっていたあの概念の奥深さにふれる。

1272
入門　ユダヤ思想
合田正人
世界中に散りつつ一つの「民族」の名のもとに存続するユダヤ。居場所とアイデンティティを探求するその英知とは？　起源・異境・言語等、キーワードで核心に迫る。

1292
朝鮮思想全史
小倉紀蔵
なぜ朝鮮半島では思想が炎のように燃え上がるのか。古代から現代韓国・北朝鮮まで、さまざまに展開されてきた思想を霊性的視点で俯瞰する。初めての本格的通史。

1325
神道・儒教・仏教
――江戸思想史のなかの三教
森和也
江戸の思想を支配していた神道・儒教・仏教にこそ、現代人の思考の原風景がある。これら三教が交錯しつつ形作っていた豊かな思想の世界を丹念に読み解く野心作。

1334
現代思想講義
――人間の終焉と近未来社会のゆくえ
船木亨
自由な個人から群れ社会へ。その転換を6つの領域――人間・国家・意識・政治・道徳・思考――で考察。AI化やポピュリズムで揺れ動く人類文明の行く末を探る。

1343
日本思想史の名著30
苅部直
古事記から日本国憲法、丸山眞男『忠誠と反逆』まで、日本思想史上の代表的名著30冊を選りすぐり徹底解説。人間や社会をめぐる、この国の思考を明らかにする。

1388
京都思想逍遥
小倉紀蔵
古都をめぐり古今の思考の足跡を辿る京都思想案内。源氏物語に始まり、道元、世阿弥、頼山陽、鈴木大拙、三島由紀夫に至る様々な言葉と交錯し、その魂と交響する。

1399
問い続ける力
石川善樹
「自分で考えなさい」と言われるが、何をどう考えればいいのだろうか？　様々な分野の達人9人をたずね、それぞれの問いのたて方、そして問い続ける力を探り出す。

1409
不道徳的倫理学講義
――人生にとって運とは何か
古田徹也
私たちの人生を大きく左右するにもかかわらず、倫理学では無視されがちな「運」をめぐる是非。それらの議論を古代から現代までたどり、人間の生の在り方を探る。

1416
ハンナ・アーレント
――屹立する思考の全貌
森分大輔
激動の現代史において全体主義や悪と対峙し続けたユダヤ人思想家・アーレント。その思索の全貌を、哲学・政治・思想の各視点から七つの主著を精読し明らかにする。

1491
考え続ける力
石川善樹
「考える」とは何か？ 安宅和人、濱口秀司、大嶋光昭、小泉英明、篠田真貴子ら「考え続ける賢人」の頭の中をのぞき見る。「思考シリーズ」新書第2弾。

1544
世界がわかる比較思想史入門
中村隆文
ギリシア・ローマから、インド、中国、日本の思想、さらにはポストモダンや現代正義論まで、比較思想史の観点から古今東西の思想を一望する画期的な試み。

1556
養老孟司入門
――脳・からだ・ヒトを解剖する
布施英利
「唯脳論」「壁」「無思想」……ヒトが生きることの本質を探究する知の巨人の思索の宇宙を、東大解剖学教室の愛弟子が解剖する。一冊でわかる、養老孟司のすべて。

1637
ホモ・エコノミクス
――「利己的人間」の思想史
重田園江
経済学が前提とする「利己的で合理的な主体」はどこで生まれ、どんな役割を果たしてきたのか。私たちの価値観を規定するこの人間像の謎を思想史的に解き明かす。

1688
社会主義前夜
――サン＝シモン、オーウェン、フーリエ
中嶋洋平
格差によって分断された社会を、どのように建て直していくべきなのか。革命の焼け跡で生まれた、〝空想的〟でも〝社会主義〟でもない三者の思想と行動を描く。

744
宗教学の名著30
島薗進
哲学、歴史学、文学、社会学、心理学など多領域から宗教理解、理論の諸成果を取り上げ、現代における宗教的なものの意味を問う。深い人間理解へ誘うブックガイド。

1201
入門 近代仏教思想
碧海寿広
近代日本の思想は、西洋哲学と仏教の出会いの中に生まれた。井上円了、清沢満之、近角常観、暁烏敏、倉田百三らの思考を掘り起こし、その深く広い影響を解明する。

## ちくま新書

294
デモクラシーの論じ方
——論争の政治
杉田敦
民主主義、民主的な政治とは何なのか。あまりに基本的と思える問題について、一から考え、デモクラシーにおける対立点や問題点を明らかにする、対話形式の試み。

1417
対話をデザインする
——伝わるとはどういうことか
細川英雄
対話の基本は「あなた自身にしか話せないこと」を見つけることです。そこから始めて話題設定、他者との関わり、納得と合意の形成まで、対話の根本を考えます。

1551
問いの立て方
宮野公樹
テーマ、課題、目標と大小問わず「問い」には様々な形がある。では、どの問いにも通用するその考え方とはなにか？　その見つけ方・磨き方とあわせて解説する。

1606
ヴィジュアルを読みとく技術
——グラフからアートまでを言語化する
吉岡友治
仕事で目にするグラフや美術館のアート作品など、視覚に訴えかけてくるものは多い。でも、それを読み取り、言葉にすることは難しい。そのための技法を伝授する。

1652
だからフェイクにだまされる
——進化心理学から読み解く
石川幹人
人がフェイクニュースや嘘にだまされてしまう7つの心理的トリックを取り上げ、「疑う」態度を身につけることを推奨し、かつ社会的制度作りも必要なことを説く。

1505
発想の整理学
——ＡＩに負けない思考法
山浦晴男
人間にしかできない発想とは何か？　誰もがもつ能力を最大限に引き出し答えを導く。ビジネス、研究活動、そして日常生活でも使える創造的思考法を伝授する。

1352
情報生産者になる
上野千鶴子
問いの立て方、データ収集、分析、アウトプットまで、新たな知を生産し発信するための方法を全部詰め込んだ一冊。学生はもちろん、すべての学びたい人たちへ。

## ちくま新書

1530 メディア論の名著30 佐藤卓己
広く知られる古典から「読まれざる名著」まで、メディア研究の第一人者ならではの視点で解説。ウェブ時代にあってメディア論を深く知りたい人にとり最適の書!

1582 バイアスとは何か 藤田政博
事実や自己、他者をゆがんだかたちで認知する現象、バイアス。それはなぜ起こるのか? 日常のさまざまな場面で生じるバイアスを紹介し、その緩和策を提示する。

565 使える! 確率的思考 小島寛之
この世は半歩先さえ不確かだ。上手に生きるには、可能性を見積もり適切な行動を選択する力が欠かせない。確率のテクニックを駆使して賢く判断する思考法を伝授!

1340 思考を鍛えるメモ力 齋藤孝
メモの習慣さえつければ、仕事の効率が上がるだけでなく思考が鍛えられる。基本のメモ力から、攻めのメモ力の技術、さらに大谷翔平等から学ぶ「鬼のメモ力」とは。

1437 ネットで勝つ情報リテラシー――あの人はなぜ騙されないのか 小木曽健
ネット空間は怖くない! フェイクを見破り、炎上を防ぎ、あなたの声を正しく届ける技術、教えます。「ネットで勝ち抜く」大人のための情報リテラシー入門書。

110 「考える」ための小論文 西研 森下育彦
論文を書くことは自分の考えを吟味するところから始まる。大学入試小論文を通して、応用のきく文章作法を学び、考える技術を身につけるための哲学的実用書。

122 論文・レポートのまとめ方 古郡廷治
論文・レポートのまとめ方にはこんなコツがある! 用字、用語、文章構成から図表の使い方まで実例を挙げながら丁寧に秘訣を伝授。初歩から学べる実用的な一冊。

292
ザ・ディベート
――自己責任時代の思考・表現技術
茂木秀昭
「原発は廃止すべし」。自分の意見をうまく言えますか？データ集めから、立論、陳述、相手への反駁まで、学校やビジネスに活きるコミュニケーション技術を伝授。

600
大学生の論文執筆法
石原千秋
大学での授業の受け方から、大学院レベルでの研究報告や社会に出てからの書き方まで含め、執筆法の秘伝を公開する。近年の学問的潮流も視野に入れた新しい入門書。

604
高校生のための論理思考トレーニング
横山雅彦
日本人は議論下手。なぜなら「論理」とは「英語の」思考様式だから。日米の言語比較から、その背後の「心の習慣」を見直し、英語のロジックを日本語に応用する。２色刷。

1088
反論が苦手な人の議論トレーニング
吉岡友治
「空気を読む」というマイナスに語られがちな行為は、実は議論の流れを知るための技でもあった！　ツッコミから反論、仲裁まで、話すための極意を伝授する。

1200
「超」入門！　論理トレーニング
横山雅彦
「伝えたいことを相手にうまく伝えられない」のはなぜか？　日本語をロジカルに運用し、論理思考をコミュニケーションとして使いこなすためのコツを伝授！

1390
これなら書ける！　大人の文章講座
上阪徹
「人に読んでもらえる」文章を書くには、どうしたらいいか？　30年プロとして書いてきた著者が、33の秘訣を大公開！　自分の経験を「素材」に、話すように書こう。

1404
論理的思考のコアスキル
波頭亮
ホンモノの論理的思考力を確実に習得するための決定版！　必須のスキル「適切な言語化」「分ける・繋げる」「定量的判断」と、その具体的トレーニング方法を指南する。